从今天就要开始的久保田式育儿

打造天才大脑的

2岁教育

（日）久保田竞 著　杜菲 译

辽宁科学技术出版社

·沈阳·

2岁是子女教育阶段的主要分水岭

认真考虑孩子将来的重要时期

购买这本书的各位母亲，想必都希望自己的孩子能够拥有美好的人生。2岁时期是教育孩子成为一个社会人的起点，同时也是认真考虑孩子未来发展的重要时期。

这里说的孩子的未来发展，并不代表具体、详细地确定出孩子将来将要走的道路、从事的职业等，而是指，了解孩子的特点，准确地把握孩子所擅长及不擅长的事情，从内心深处接受孩子的各种不足，寻找出适合孩子自身特性的成长道路。也就是说，2岁阶段是父母为了让孩子自主选择今后的道路而做出事前调查并完成某种程度准备的时期。

2岁教育之所以如此重要，主要原因是，到2岁左右时，孩子身体的各部位已经能够完成相应的基本活动，开始学会通过语言表现自己的情绪、预测他人的情绪，开始具有能够与周围人沟通、建立关系等的社会性特征。

子女教育过程中，父亲的参与对孩子的成长起着不可或缺的作用

2岁时，孩子将迎来感觉刺激的最敏感时期——临界期，在此时期内，孩子需要接受来自外界的各种刺激，逐渐掌握独立的进行理解、做出相应反应的能力。

若忽略了此临界期，孩子对各种感觉刺激会缺乏基本了解，其他刺激的应激性反应也会变得迟钝、会很难理解刺激本身的意义。建议各位父母能够让孩子尽早处于可随时与人沟通的状态，以应对临界期的到来。

日本棒球选手一郎、高尔夫球选手石川辽等优秀的运动员，如果没有与各项运动接触的最初原因，也不会获得现在的成绩。除陪孩子

完成简单的体育运动之外，为孩子埋下未来的梦想、憧憬的种子也是父亲的重要使命。对于从未参与到婴幼儿阶段教育过程的父亲来说，要时刻抱有参与到孩子教育过程的决心，其最初阶段的任务无需过于复杂，一些自己力所能及的简单事情即可——如时常带孩子出去散步，让孩子了解社会的美好、人生的乐趣及苦难等。

经历各种各样不同的事情后，孩子会自然而然地了解社会，掌握与人沟通的方法，并逐渐地开始能够自主选择今后的道路。因此，毫不夸张地说，孩子大脑后期的发展，与父亲的努力有着密不可分的联系。

看清孩子的特性，进行特别的培养

孩子开始具有社会性时，各位父母会了解艾斯伯格综合征、自闭症等大脑疾病的存在。

在此需要提醒的是，父母一旦发现孩子出现各种不寻常的行为，应尽早带其去看小儿神经科，进行专业的咨询，要准确地了解孩子的状态、勇敢地接受现实，并同专业的医生一同为孩子制定今后的教育方针。

大脑的发展会受到先天性疾病的影响发生相应的变化，大脑不能正常运转，其他身体部位却毫无障碍的实例也时有发生。

物理学家爱因斯坦就被诊断为艾斯伯格症候群，疾病导致他不能完成日常生活中的基本社交行为，但其大脑内其他特殊部位高于常人的运转，使他成功地完成了大量名垂青史的理论著述。

不同的孩子，在整个成长过程中，大脑的发育情况也会出现相应的不同。自己的孩子比其他孩子更突出的地方就是孩子的优势所在，如果父母能够准确地找出孩子的优势，孩子以后的生活将会变得更加顺利、幸福。因此，建议各位父母要仔细观察孩子的各项活动，无论孩子是什么状态，都勇敢地接受，最终，为孩子选择出适合自己的人生道路。

目录

目录

目录

目录

目录

目录

为什么2岁教育如此重要?

2岁以后,孩子的自我主张逐渐形成,开始出现各种令母亲为难的行为

使母亲有种"一夜之间,就从刚刚出生、什么都不懂的婴儿变身成为成熟的社会人"的错觉。

究竟怎样的教育才是孩子2岁时必不可少的呢? 本书接下来的内容将为各位母亲做出详细解答。

2岁教育的目的

通过分工，使孩子掌握"社会人"的能力

父母开始思考孩子今后生活方式的时期

在0~2岁期间，不断地增加孩子大脑神经突触的数量，形成更多的神经回路，使孩子能够顺利地进行更多的活动，是久保田教育法的主要方针。简单来说就是，把孩子作为一个独立的生物个体，对其加以能够促进其快速成长的各种刺激训练。

与此前的婴儿时期的教育不同，2岁教育——子女教育的第二阶段，父母应对孩子完成作为"社会人"的教育，即，不再单纯训练孩子走路、活动四肢等能力，而是引导孩子适应社会、融入集体生活，正确地掌握作为一个正常"社会人"的基本能力。

培养孩子的社会性才是2岁阶段教育的最主要任务。所谓社会性，是指让孩子融入集体生活，与其他孩子一同玩耍，学会通过自己的眼睛观察周围、了解社会。成为具有社会性的正常"社会人"之前，孩子需要首先掌握与不同人进行交谈、解读他人的心情、遵守各项社会规则的能力。而2岁教育的最主要目的就是，为孩子掌握以上各项能力奠定有利的基础。因此，孩子2岁以后，父母在重复前一阶段教育的同时，还要经常将孩子带到公园等同龄孩子聚集的地方，让其在人群中玩耍。

需要父亲参与教育过程的时期

2岁以后，将孩子带到各种不同的场所，引导其对社会进行观察，是十分必要的。条件允许的话，这项工作最好由父亲亲自完成，因为，父亲有义务将社会的真实形态告诉给孩子，教会孩子今后的生存方法。母亲教会孩子包括沟通在内的各种生活技能、父亲专心带领孩子观察社会，良好的教育分工，能够促进孩子更加全面地观察、思考社会。

遗憾的是，近些年来，父亲们的精力大多被工作所占据，导致缺乏社会性的孩子逐渐增多。若缺乏社会性方面的相应教育，即使在早期的教育中，孩子的大脑得到了有效的训练，最终的结果也只能是"抱着金碗挨饿"——无处发挥。因此，建议各位几乎从未参与到子女教育过程中的父亲，今后能够经常性地带孩子到诸如博物馆、动物园等不同的场所进行参观；能够在公园里，放开身心地与孩子一同玩耍。

　　孩子社会性的形成主要受大脑的镜像神经元系统控制。无论是通过观察对方、了解对方的想法，推测其下一步行为的过程，还是通过观察对方的行为，对其进行模仿的过程，都需要镜像神经元系统发挥作用。在此需要提醒的是，自己的感觉、想法等有可能与对方一致，也有可能与对方完全相反，这一点各位父母一定要通过各种训练，让孩子了解。

2岁时期的大脑

2岁阶段，生活方式决定大脑的容量

3岁时，大脑内的突触数量达到峰值

大脑通过神经回路中流动的微弱电流传递信息。神经回路源头的神经细胞(神经元)由具有细胞核结构的细胞体、向外延伸的树突、轴突三部分构成。突触具有将轴突与其他神经细胞树突相互连接的作用。

孩子的神经细胞在母亲怀孕6个月左右时开始形成，在孩子出生时，一生中所需要的所有神经细胞均已形成完毕。孩子出生后，突触的数量会随着大脑的活动而增加，在孩子8个月至3岁期间达到密度的最大值。

突触数量的不断增加、神经细胞间相互连接、形成神经回路，使人的思考、行为变得顺畅。在此需要提醒的是，仅仅增加突触的数量没有任何意义，为使神经回路间形成连接状态，还需要给予大脑不同的刺激，使身体各不同部位都能够正常地产生活动。相反，在此时期内若孩子的大脑缺乏相应的刺激，会使突触无法形成，一些不常用的神经细胞会逐渐死亡，只剩余部分神经细胞发挥作用。

大脑缺乏相应的刺激，突触数量会逐渐减少

概括说来，如果在2岁阶段不对孩子进行适当的教育，孩子大脑的神经细胞、突触数量会相对较少，大脑的体积、容量也会比受到教育的孩子小，因此，孩子的早期教育有着至关重要的作用。换句话说，对孩子进

行早期教育，能够对人类所特有的、与生俱来的大脑内的各部分结构进行最大限度的利用。

　　与从0岁就开始获得教育的孩子相比，受到刺激较少的孩子，其大脑内的神经细胞、突触数量也相对较少。已经死亡的神经细胞不可能复活，但是大脑内剩余的神经细胞和突触能够相互连接，形成稳固的神经回路。因此，刚刚开始子女教育的父母也无需过于担心，要学会通过正确的方式，对孩子大脑内现存的神经细胞进行有效的利用、增强其相应的活动。

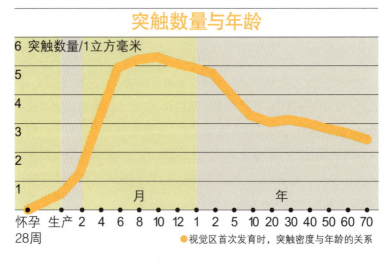

视觉区（第17区）的突触数量在孩子出生8个月后达到峰值，视觉区的基本活动开始形成。其他大脑区域的活动与此类似。

大脑的重量与年龄

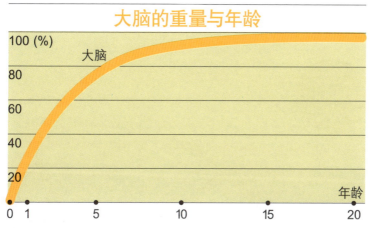

孩子5岁左右时，大脑的体积几乎与成年人等大。大脑体积不断增大，说明受到突触的作用，神经细胞间相互连接，神经细胞的运动等十分顺畅。

大脑10号区域的大小

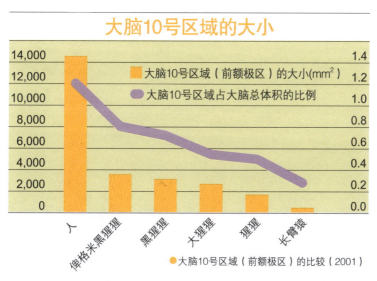

● 大脑10号区域（前额极区）的比较（2001）

上图为人类大脑10号区域体积与猿类的比较图。额叶联络区中的第10号区域，是控制产生人类特有行为的区域。

神经元

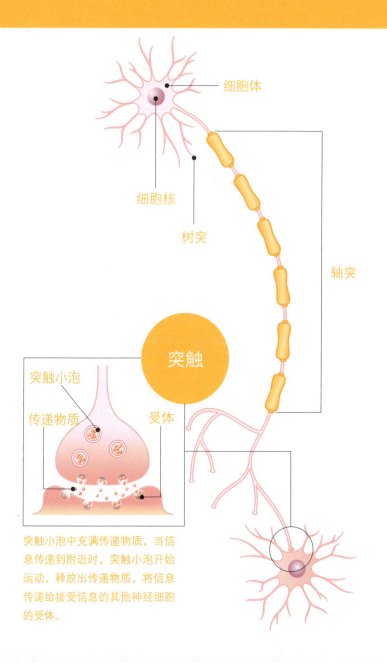

细胞体

细胞核

树突

轴突

突触

突触小泡

传递物质

受体

突触小泡中充满传递物质，当信息传递到附近时，突触小泡开始运动，释放出传递物质，将信息传递给接受信息的其他神经细胞的受体。

2岁是怎样的时期?

感觉刺激的敏感时期——"临界期"

临界期时应该给予什么程度的刺激?

孩子的大脑,首先,在母亲怀孕6个月左右时,开始形成神经细胞,在孩子出生8个月至3岁期间,开始形成突触,数量呈快速增长趋势。因此,孩子8个月至3岁的时期,也被称为"突触过剩形成期"。

孩子2岁左右时,大脑进入"临界期"。"临界期"一般被定义为,孩子针对外界的感觉刺激能够做出较快、较顺畅反应的2岁至3岁半的1年半左右的时期,但在现在的教育学家们眼中,"临界期"一般特指,2岁左右、孩子更容易接受外界各种感觉刺激的时期。若在此"临界期"内,孩子的大脑缺乏相应的感觉刺激,此后阶段,孩子对其他刺激的反应会表现出一定程度的迟钝,使其很难接受外界的各种刺激。因此,毫不夸张地说,2岁是"突触过剩形成期"与"临界期"相互重合的重要时期,希望各位母亲能够抓住这个时期,给孩子以适当的感觉刺激,教会孩子理解刺激、并做出相应反应的方法。

真实的、良性的刺激具有更明显的效果

孩子在"临界期"受到的感觉刺激,有可能左右其今后一生的发展。为使孩子具有更多丰富的感受,建议各位母亲选择更真实、更良性的刺激。如,对孩子听觉进行刺激时,最好选择好听的声音、音乐;对孩子视

觉进行刺激时，选择鲜艳的颜色、绘画、动态的动物；对孩子嗅觉、味觉进行刺激时，选择淡香的花朵、绿色植物的味道、新鲜的食物等。通过强弱、浓淡等各种不同刺激，使孩子将其作为某种知识，在大脑内进行记忆、存储。为加深孩子对事物的理解，也可以同时施加两种不同的刺激，如，在喂孩子吃东西前，引导其进行观察；让孩子聆听乐器的敲击声音前，引导其首先对乐器进行观察。

所有感觉刺激中，最容易被遗忘的触觉刺激，事实上，发挥着不可或缺的作用。此前阶段母亲针对孩子的拥抱、触摸，几乎都是由于现实的需要，孩子2岁以后，母亲要有意识地拥抱、抚摸孩子、与孩子进行肢体的接触。接受母亲的抚摸后，孩子会产生"舒服"等感觉，此过程中，孩子VTA[①]系统开始活动，伏隔核会产生"舒服"的快感，从而促进额叶联络区的进一步发育，使孩子逐渐具备一定的生活节奏。

需要提醒的是，肢体的运动不存在"临界期"，孩子学习、记忆各种肢体运动方式的时期越早，更有助于顺利、快速的掌握。建议各位母亲从此时期开始，要在原有训练肢体的基础上，逐渐增加运动的强度，为今后奠定有力的基础。

①VTA：Ventral tegmental area，腹侧被盖区。是中脑的一个区域，被认为是愉悦系统或报偿回路的一部分，也处理多种情绪与安全感。

更有效促进2岁孩子大脑发育的方法

制定规则,引导孩子遵守

在引导孩子严格遵守社会的各种规则之前,首先要制定家庭内的规则,教育孩子遵守。父母是孩子的榜样,产生任何行为、行动前,父母要时刻意识到这一点。

施加各种不同的刺激

要给予孩子更多良性的刺激。需要提醒的是,如果只是单方面的施加,即使刺激性质再良好,也不会有任何意义,因此,建议各位母亲能够将刺激与孩子喜爱的事物相互结合,引起孩子的兴趣。

仔细观察孩子的各种行为

要仔细观察孩子的行为，了解孩子感兴趣、喜爱的事物，看清孩子擅长、不擅长之处，在玩耍的过程中，对其长处加以培养。

父亲参与教育过程中

对于体力具有明显优势的父亲，孩子会产生某种与生俱来的崇拜、尊敬，这种绝对的信赖关系，是影响孩子社会性培养的主要因素。因此，父亲要多与孩子接触，教会孩子更多的东西。

教会孩子适应群体活动

孩子与同岁孩子游戏过程中，会遇到与其想象不一致的情况，母亲可以通过此过程，教会孩子如何为对方着想、如何进行忍耐等。

人类与额叶联络区

对控制人类特有行为的大脑第10号区域加以锻炼

大脑的不同区域, 具有不同的作用

本书此前主要针对神经细胞、突触等大脑的部分结构进行了详细介绍, 接下来将为大家详细讲解大脑的整体结构。人类的大脑中, 不同的区域有着不同的作用。布劳德曼根据神经细胞的不同构造, 将人的大脑分为52个区域, 并对每一不同区域进行了编号, 如第26、27页"布劳德曼大脑地图"所示。

人的大脑分为五个叶, 即额叶、顶叶、枕叶、颞叶、岛叶。额叶由额叶联络区与运动皮质两部分组成。一直以来, 人们对于额叶联络区的了解仅停留在"思考的场所"环节, 最近的研究结果表明, 所有的随意性活动(即通过自我意识的支配完成的行为)事实上同样需要额叶联络区的作用。日常生活中, 通过观察对方的表情, 推测、理解其意图时发挥作用的大脑44区, 及控制短时间记忆行为(即工作记忆)的大脑46区, 均位于额叶联络区内。

控制产生人类特有行为的前额极区

大脑结构最前方(位于额头中间部位)的前额极区是人类特有的脑部结构, 它控制着所有人类特有的活动, 如, 创造新事物、进行思考、与人沟通、随意活动四肢等。大脑研究者普遍认为, 人到5岁左右, 大脑的

第10号区域才会正常发育，但是，一项最新的研究证明，若能够将大脑内的各神经回路进行有效连接，孩子2岁时，通过正确的教育，同样能促使此区域充分发挥作用。

大脑10号区域的大小

●大脑10号区域（前额极区）的比较（2001）

上图为人类大脑10号区域体积与猿类的比较图。额叶联络区中的第10号区域，是控制产生人类特有行为的区域

6 号区域的外侧

孩子与同岁孩子游戏过程中，会遇到与其想象不一致的情况，母亲可以通过此过程，教会孩子如何为对方着想、如何进行忍耐等。

46 号区域

发出某种行为前，最先开始活动、发出"指令"的区域，同时也是保存短时间记忆行为（工作记忆）的场所。

10号区域
（前额极区）

在全面考虑问题、控制感情时，发挥作用，是控制产生人类特有行为的重要结构，又称前额极区。

44 号区域

观察对方表情，进行推测、理解并模仿等，镜神经元系统活动时，发挥作用的场所。

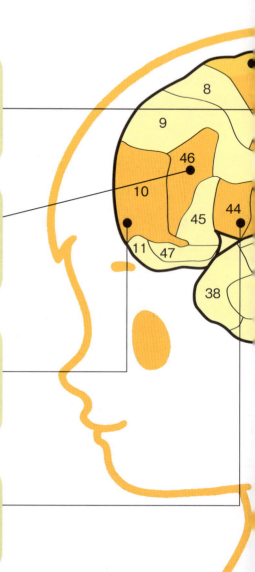

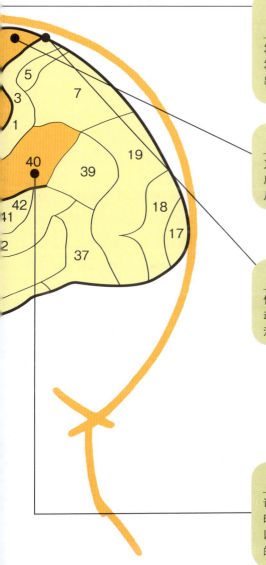

6号区域的内侧
（辅助运动区）

发出行走、慢跑等重复性动作时，发挥作用的区域。无意识动作的发出，同样受此区域的支配。

4号区域

又称运动区，收到46号区域的指令后，将"运动指令"传递给肌肉，从而控制人体四肢的活动。

中央沟

位于顶叶与枕叶之间，前侧与运动区相接，沟壁附近为控制双手活动的区域。

40号区域

记忆各种感觉刺激的场所。必要时，会将信息传送至额叶联络区，以回避不可预见的危险，做出恰当的回应。

增加父亲的存在感，意义重大

"爸爸最棒"是子女教育的秘诀

通过传授"爸爸即领导"的概念，让孩子了解社会

1岁半左右时开始的咿呀学语期，到孩子2岁左右时将迎来巅峰时刻，此时期内孩子会变得格外任性，令母亲们头疼不止、万分无奈。此时，是父亲出场的最佳时刻，来自于无论在体格还是力量方面都占有绝对优势的父亲的训斥，能够有效促进孩子产生"害怕即不可以"的想法。

需要提醒的是，要使父亲的"训斥"更具震慑效果，必须首先树立父亲在家庭内的地位，向孩子灌输"爸爸最棒"的概念。不同的家庭，家庭理念、教育理念方面可能存在较大差异，但是，相比之下，存在"领导"的家庭，家庭内的各项事情的进展会比较顺利，也更容易使孩子产生某种紧张感、安心感。

领导的存在既能增加紧张感，又能带来安心感

女儿们小的时候，无论我多晚到家，妻子都会尽量地叫醒孩子们，让他们跟我说句"爸爸，回来了"。这一简单的行为，使我在家中的"领导"形象得以有效的树立，一旦我有事不在的时候，通过"不听话就告诉你爸爸"的简单的一句话，就轻而易举地达到了震慑、教育孩子的目的。

以上想法也许有悖于现阶段时代的发展规律，但我始终认为，向孩子传递"爸爸最棒"的思想，可以使男孩子们在日常生活中逐渐产生"以后我也要成为像爸爸一样的人"的责任感，也可以使女孩子们逐渐对安定的家庭关系产生憧憬，更加深刻地了解母亲对照顾家庭所付出的努力。除此之外，"爸爸最棒"的理念一旦被孩子认可，只要母亲提到"爸爸"这个单词，孩子就会产生某种莫名的紧张感，使接下来的教育过程变得更容易。

　　综上所述，对孩子2岁后的教育，父亲的存在有着至关重要的作用。建议各位忙碌的父亲们，能够抓住孩子咿呀学语的大好时期，重新思考自己对于家庭的责任、重新认识妻子对教育孩子做出的种种贡献，尽自己最大努力为孩子创造一个令孩子安心的家庭环境。

有效利用双手与手指

创造的基本雏形，依靠双手与手指完成。

积极地活动双手、手指，能够有效促进孩子大脑的发育。

使孩子拥有具有创造性的双手、手指

越锻炼，越灵活

要促进孩子产生"通过自己的双手创造事物"的想法

2岁教育阶段，父母要教会孩子灵活活动每一根手指的方法、引导其掌握日常生活中的双手、手指的基本活动。使孩子能够尽快地融入群体，是训练双手活动的主要目的之一。2岁以后，孩子开始逐渐地能够与同龄孩子进行玩耍，如果此时孩子的双手能够随意活动，其与同龄伙伴间的玩耍会呈不断发展、进步的趋势，逐渐地孩子便能够体会到集体活动的乐趣。另一方面，集体活动自身也会成为某种刺激源，进一步促进孩子掌握正确的活动双手的方法，在此基础之上，若能够增加家庭内的各项训练，孩子双手的活动能力必定会出现"质的飞跃"。

训练孩子双手活动的另一个重要目的在于培养孩子的创造能力。只有正确地掌握了双手、手指的活动方法，孩子才能够画出自己想要的作品。在2岁时期，引导孩子牢记正确使用双手的方法、使其对各种不同活动都产生兴趣，能够有效地激发其创造欲望。除此之外，此时期内，在开始实际动手前，让孩子自主地选择想要制作的事物、教会其在大脑中描绘事物大致形状的方法，能够有效地促进其额叶联络区、前额极区的活动，从而促进大脑的进一步活动、发育。

在此需要提醒的是，孩子2岁后，母亲要适当地减少单一游戏的训练，让孩子参与到多种不同的游戏活动中，让孩子在游戏的过程中记忆双手、手指的使用方法。不同于控制感觉的区域，大脑中控制人体发出行为、运动的区域不存在"临界期"，因此，随着训练不断重复的进行，孩子四肢的活动会越发顺畅。

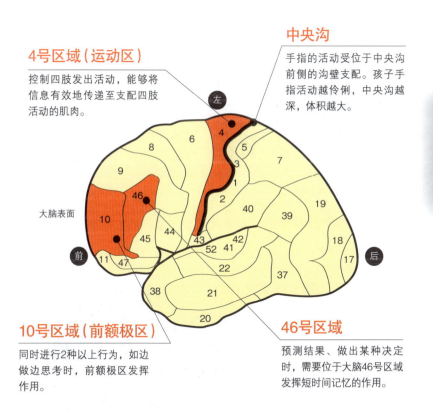

中央沟

手指的活动受位于中央沟前侧的沟壁支配。孩子手指活动越伶俐，中央沟越深，体积越大。

4号区域（运动区）

控制四肢发出活动，能够将信息有效地传递至支配四肢活动的肌肉。

大脑表面

10号区域（前额极区）

同时进行2种以上行为，如边做边思考时，前额极区发挥作用。

46号区域

预测结果、做出某种决定时，需要位于大脑46号区域发挥短时间记忆的作用。

预测能力

训练孩子手指活动能力的要点

母亲做出相应的动作，引导孩子进行模仿

子女教育过程中，母亲肩负着教会孩子正确的姿势、动作的重任。为确保孩子正确地掌握（模仿）双手、手指的活动方法，训练时，建议母亲与孩子并排而坐。

让孩子学会整理

要首先确定好每一个玩具放置的位置。玩耍前，让孩子独自拿取玩具；玩耍后，引导孩子将玩具放回原处，以达到对其工作记忆区域进行锻炼的目的。

避免专注于单一的游戏

孩子集中能力的训练十分重要，这一点毋庸置疑，但如果游戏的内容过于单一，会导致孩子大脑的发育出现偏差。因此，母亲要学会正确地控制同一种游戏的时间，在恰当的时候开始不同的游戏。

为孩子规定玩耍的时间

孩子集中精神玩耍时，通过"当时针的长针指到6时就不可以玩了"等对话的方式，与孩子沟通，能有效地使其工作记忆区域得到锻炼。

球类游戏

自主支配双手的活动

　　2岁以后，机械性地将球抛出的训练，对孩子来说会显得过于简单，此时，母亲可通过设置目标物体，引导孩子将球投掷到附近等方式，适当增加训练的难度。训练过程中，孩子会逐渐地掌握正确的球的投掷方向、投掷力度及投掷方法，而母亲需要做的就是，不断地引导孩子进行重复性的练习，最终使其无论在任何时刻、任何地方，都能够将球投掷到自己预想的位置。除此之外，训练过程中，母亲最好为孩子事先准备好各种不同大小的球，如，能够单手轻易拿起的小球，便于观察、滚动的大球，等等。

　　当孩子无法顺利控制住球时，母亲需要坐在孩子的身后，将其抱起、将手覆盖在孩子手之上，让孩子对实际的动作过程进行观察，告诉其投掷球时手部的基本活动、以及将球抛出的具体时间等。孩子能成功地将球竖直向前扔出后，母亲可适当增加游戏的难度，如，与孩子对面而坐，引导孩子将球投掷到自己面前；逐渐增加投掷的距离；教给孩子通过自己的双手将球停住的方法……除投掷皮球游戏之外，确定目的地，让孩子推动玩具汽车的游戏，也是一种能够有效培养孩子双手力量控制的训练。如果条件允许，建立各位父母能够加入到游戏过程，与孩子一同竞争。

通过改变目标物体的大小、距离等方法，增加游戏的变换方式。

🧠 大脑教室

变换不同的游戏方式，促进孩子大脑的活动

　　母亲要教会孩子正确的持球方法——球较小时，让孩子用指尖捏住（精细运动），球相对较大、较重时，让孩子用手掌握住（握力锻炼），将球向目标物投出。此过程中，母亲要仔细观察球离开孩子双手至到达目标物的整个过程，若孩子能够顺利地将球准确地投掷到目标物附近，可适当引导孩子增加投掷的力度、使球更快速地向前运动。除此之外，母亲也可亲自加入到游戏过程，与孩子竞争谁扔得更好、更准。

黏土游戏

在对完成品形状等进行想象的基础上，着手制作

进行黏土游戏训练时，最重要的是将"确定制作内容–制作完成–实际应用（游戏）"看作一个完整的过程，如，捏出一个球形，用其代替真正的皮球，进行撞倒"保龄球"的游戏；也可将其看成是一个丸子，作为过家家的道具使用。以上训练，可以使孩子在掌握正确的游戏道具制作方法的同时，学会如何根据游戏的实际需要，确定自己想要动手完成的道具作品。

若孩子不喜欢黏土，对黏土不感兴趣，可选择用细长状毛线代替。需要提醒的是，为孩子讲解如何利用手掌、双手制作出形状漂亮的物体时，母亲要亲自动手做示范，并引导孩子进行模仿。相同的动作，适当地加快速度，能有效增加手部神经回路的粗细程度，使双手的活动更加灵活、流畅，因此，当孩子能够成功地完成某种物品的做法时，母亲要适当地进行催促，以提高其动作的速度。孩子能够准确地掌握制作过程中双手手掌的活动方法后，便可进入下一阶段制作三角形、四边形等孩子喜欢的形状的练习；逐渐地，当孩子同时掌握手掌、手指的活动方法后，可进一步增加难度，教会其制作更复杂形状事物的方法。

一起制作的过程中，母亲要适当地与孩子进行沟通，询问其想做什么，制作的过程是否顺利等。

 大脑教室

想象可有效地促进额叶联络区的活动

通常情况下，人在开始实际制作过程前，大脑里会存在关于想要制作的事物的大致构想，而此构想会通过大脑工作记忆区域的作用，贯穿整个制作过程而不被遗忘。因此，为达到对孩子额叶联络区加以锻炼的目的，母亲要首先在开始阶段，了解孩子想要制作的事物；在孩子制作完成后，发出是否满意等询问，引导孩子进行回答；当孩子的作品与预想一致时，给予适当的表扬……需要提醒的是，制作过程中，最好让孩子的双手同时进行动作。

乐器游戏1
让孩子体会通过敲击发出声音的乐趣

母亲要教会孩子大鼓、响板、铃铛的敲击方法。没有乐器的家庭，可以尝试用空罐子、纸箱或轻轻敲击桌面进行代替。建议母亲能够引导孩子对各种不同物体进行敲击，使其在实践的过程中，逐渐了解敲击方法、敲击部位不同，相同的物体会发出完全不同声音。在此基础上，选择钢笔、棉棒等作为敲击物，可有效促进孩子掌握正确的物体攥、握方法，增强其手腕的活动能力。

孩子掌握正确的敲击方法后，可引导其跟随一定的节奏进行动作，具体训练方法为：母亲首先为孩子选取某种音乐，告诉孩子正确的敲击方法，引导其跟随节奏进行敲击，并最终实现让孩子能够自发地跟着不同的音乐进行敲击的目标。同时发出两种行为可有效促进前额极区的活动，建议各位母亲能够经常性地让孩子尝试边听音乐边敲击物体、舞动身体的练习。

根据孩子掌握情况的不同，可适当地加快响应的节奏、改变敲击的力度。

 **大脑教室**

通过节奏感强烈的运动，促进辅助运动区的活动

　　母亲要教会孩子通过双手连续不断地重复敲击的动作，使物体发出声音的方法。最初阶段，可适当降低训练的难度，尝试给予孩子一定的指示，或引导其模仿自己的动作。但是，单纯的模仿，只能让孩子掌握单一乐器的敲击方法，因此，建议各位母亲从1拍到2拍，逐渐地增加训练的难度，适当地为孩子添加敲击的强弱力度的训练。辅助运动区支配孩子产生持续的具有节奏感的运动，因此，为进一步促进孩子辅助运动区的活动，建议各位母亲能够经常性地让孩子进行此项练习。

撕纸游戏

为今后孩子能够灵活活动双手奠定基础

要对孩子进行一些提高孩子双手灵活性的训练，如，用拇指和食指夹住、撕碎纸张等。最初阶段，可将松饼、果糖等孩子喜爱的小零食放在盘子里，让孩子逐个抓取。训练过程中，为确保孩子只通过拇指、食指两根手指抓取，母亲要做好相应的示范。孩子能够稳固地夹住点心后，便可进入下一阶段撕纸的训练。最开始时，可选择一些质地较软的纸张，如报纸、屏风纸、宣纸等，引导孩子横向、纵向将纸向不同的方向撕开，让孩子亲身体会不同方向、用力不同的感觉。孩子适应后，可适当增加纸张的硬度，选择较硬的报纸进行训练。

除此之外，将贴纸从底纸上撕下也是一项很好的训练。需要准备的物品也十分简单——圆形、三角形、方形的贴纸和用于粘贴贴画的画纸。粘贴时，可通过"两个圆形的贴纸组合成雪人、三角形和正方形的贴纸组合成房屋"等，与画画类似的方法、感觉，将双手的训练过程融入到游戏过程中，实现在游戏、玩耍中进行学习的最终目标。此过程中，建议各位母亲选择红、黄、蓝三种不同颜色的贴纸，在粘贴的过程中，不断地告诉孩子相应贴纸的颜色、形状等，使其掌握不同颜色、形状的名称。

引导孩子将报纸、屏障纸、宣纸等从横、纵不同方向撕开，让孩子亲身体会不同方向，所需力量不同的感觉。

🧠 大脑教室

让孩子自主选择习惯使用的手

　　抓取食物时，母亲需要教会孩子仅用拇指、食指进行动作的正确方法。具体选择哪只手完成撕的主要动作，建议让孩子自主决定。若孩子喜欢用左手，要顺从孩子的意愿，并引导其用右手，完成一些辅助性的动作，如按住纸张等。一般，3~4岁阶段，孩子才会最终确定习惯使用的手，因此，2岁阶段，无论孩子喜欢单手完成动作，还是双手共同完成动作，各位母亲都无需担心。需要提醒的是，建议各位母亲在开始撕纸游戏之前，确定好游戏的具体方法。

剪刀石头布

十指活动训练

为确保孩子指尖能够灵活、随意的活动，必须对其每一根手指进行训练。可通过剪刀石头布的游戏，有意识地引导孩子进行五指活动的训练。最初阶段，母亲要边动作，边告知孩子每个动作的不同叫法，为孩子做出示范。当准确地掌握剪刀、石头、布的手势后，孩子便自然而然地能够利用五指做出各种不同的手势。孩子习惯使用的手熟练掌握相应动作后，还需要对另一只手进行相同的训练。

孩子牢记不同手势的不同名称后，可引导其将双手组合，完成更多的不同手势。训练过程中，母亲可以发挥自己的想象，教会孩子各种不同事物的组合方法——如，一只手握拳，放在另一只剪刀手之上，组合成蜗牛；一只手握拳，一只手呈布状，置于拳头之上，组合成直升飞机。孩子到3岁后，才能准确地完成拇指、小指弯曲，其余三指竖直的动作，在此之前，完成剪刀动作时，孩子的食指与中指会出现一定程度的弯曲。即使孩子已经正确地掌握筷子、铅笔的握法，要完全准确地完成剪刀的手势，恐怕还是要等到3岁以后，因此，训练过程中，若孩子的动作无法达到期望，各位母亲也不要灰心，只需对其进行不断重复的训练即可。

教会孩子不同形状的动作方法及相应名称的过程同时进行，可有效促进孩子准确掌握用手表现事物的方法。

🧠 **大脑教室** ·······································

为今后的道具游戏奠定基础

　　要确保孩子的双手，都能够顺利地完成剪刀石头布的动作。进行此项训练，在教会孩子猜拳游戏的玩法之外，还具有更重要的意义——促进孩子每一根手指，都能够灵活地活动。孩子能够灵活地活动每一根手指后，便会自然而然地掌握一些简单工具的使用方法，为今后更复杂的动手制作过程奠定基础。玩猜拳游戏时，最好首先告诉孩子拳头、布、剪刀手所代表的不同意义——拳头代表石头、布代表纸、剪刀手代表剪刀，随后再告诉孩子纸能够包住石头，所以出布的人获胜的游戏规则。

扣扣子游戏

自立的第一步

孩子双手每一根手指都能够独立活动后,可开始解、扣纽扣、按扣,拉拉链的训练,引导孩子独立地完成脱衣、穿衣的动作。市面上有多种针对此项训练的棉布制玩具,个人认为,没有专门购买的必要,为孩子选择带有容易拉开拉链的裤子或书包即可。

需要注意的是,为孩子做示范时,母亲需要准确地告诉孩子左右两手各自的使命。完成拉拉链动作时,除了拉开拉链的手,另一只按住布料的手的动作同样重要;进行按纽扣的训练时,要让孩子意识到按扣两部分呈凹凸不同形状的特征,将两部分对准后,引导孩子独立完成按的动作,使其亲自体验两部分贴合时发出的声音及感觉。由于扣纽扣的方法相对较难,最初阶段,可只让孩子进行观察,将手指的相应动作、将纽扣穿入扣眼的方法缓慢、清晰地展示给孩子,引发孩子对解、扣纽扣的兴趣。为实现让孩子独立换衣服的目标,母亲最好每天都让孩子触摸纽扣、按扣、拉链等,促进孩子产生独自完成动作的意愿。

训练时要选择较易拿住的、扣子较大或带有拉链的衣服或书包。

🧠 大脑教室

教会孩子区分双手的不同作用

　　解纽扣时，通常的做法是，右手抓住纽扣，左手按住布料，促进右手动作的顺利完成。但由于2岁阶段孩子习惯使用的手还未最终确定，建议让孩子自主地决定、分配双手的任务。当孩子能够用固定的手，完成不同动作时，说明那只手就是习惯使用的手，母亲只需遵从孩子的意愿即可。

47

画画训练
为今后的学习过程奠定基础

　　2岁阶段的画画训练，不再只是准备一张画纸，让孩子随意地画。此阶段画画训练，是为孩子今后准确画出自己想要内容的准备阶段，具有重要意义。进入真正的学习阶段后，教会孩子各种正确姿势、为孩子创造一个能够灵活活动双手的环境变得尤为重要。因此，母亲要根据孩子的身高，为其选择合适的桌子、椅子，教会其正确的画画姿势。

　　要教会孩子3指握住画笔的正确握笔方法。在最初阶段，母亲可以先为孩子做出示范，引导孩子进行模仿。孩子正确掌握握笔方法后，可逐渐开始横线、竖线画法的训练；正确掌握直线画法之后，可以尝试让其对圆形、三角形进行挑战；并在此基础上，引导孩子将各种不同的图形进行组合，形成房屋、人、汽车等，实现让孩子画出自己想要内容的最终目标。进行直线画法训练时，可只用红、黄、蓝三原色的画笔，进行下一阶段绘制自己喜欢的内容训练时，最好为孩子准备好12种颜色的画笔，使孩子在绘画的过程中，逐渐掌握不同颜色的使用方法。

创造适合孩子身高的学习环境，让其掌握正确的绘画坐姿。

 **大脑教室**

使肌肉得到充分利用的运动型学习

首先进行直线画法的练习。通过坐直、一只手握笔、一只手按住纸张的动作，使孩子前臂、上臂、肩部的肌肉都能够得到有效的锻炼。孩子能够顺利完成长短不同直线的画法后，可引导其将线条进行连接，进行三角形、四角形、五角形等多边形画法的训练，也可开始圆形画法的训练。训练过程中，母亲还要教会孩子准确画出不同形状、不同大小图案的方法。需要提醒的是，为巩固孩子绘制直线、曲线的能力，此项训练需要持续不断地进行。画画训练通常又被称为是一种身体肌肉得到充分利用的运动型学习，在孩子大脑、身体条件允许的前提下，越早开始获得的效果越明显。

与孩子并排而坐，
为其做出正确的示范

教给孩子握笔方法时，要与孩子并排而坐，确保自己的手与孩子的手呈同一指向，使孩子能够清晰地观察到母亲手部的动作。

画笔的握法

拇指、中指握住画笔，食指放在中指之上，确保三指的力度相同。与铅笔的拿法：拇指、食指握住笔杆，中指起支撑作用的方法不同，三指指尖与笔接触，轻轻握住笔杆是画笔的正确握法。

彩色铅笔

左手按住画纸

同时使用双手

教会孩子正确握笔方法时，不要忘记告知孩子另一只手的重要使命——按住画纸。

调整桌子、椅子的高度

调整椅子的高度时，要确保孩子坐下后脚掌能够着地，并根据椅子的高度准备合适的桌子。

如何选择绘制的图形?

　　孩子能够准确地画出直线后,便可以开始图形(圆形、三角形、四方形)画法的训练。训练过程中,建议各位母亲通过亲自示范的方式,告诉孩子各种图形的边长不一定等长的道理,让孩子理解无论是圆形、三角形还是四方形都存在各种不同的形状,如,较高的等边三角形、长方形、椭圆形等等。要将各种大小的、单独的图形进行诸如大图形包含小图形、两个图形

一条边相互重合等的组合，同时，还要通过告诉孩子"这是房屋"、"看看这个像不像呀"的方式，与其进行交流，边告诉孩子通过图形的组合就能够完成绘画作品，边逐渐引导孩子根据自己的想法进行画画。

画画训练的要点

掌握色彩感

孩子能够顺利画出图形后，可逐渐为其增加画笔的颜色。相同的图形运用不同的颜色进行绘制后，孩子的想象空间会得到扩展，想要绘制的事物会自然而然地增加。需要提醒的是，增加新的颜色时，母亲要事先告诉孩子颜色的具体名称。

人的面部

自然景物

各种不同形状

碎纸画训练

将头脑中的想象变成现实

孩子拇指、食指能够牢固地夹住东西后，便可开始进行将撕下的彩纸进行粘贴，形成绘画作品的训练。发出撕彩纸动作需要指尖用力，能够促进手指得到进一步锻炼；而将撕下的彩纸进行粘贴、形成新的图案的过程，有助于培养孩子的创造能力。因此，在此建议各位母亲，不要只是让孩子机械地重复撕下——粘贴的动作，而是以创造新的图案、图形为最终目标，对孩子进行训练。

最初阶段，可以首先选择3~4种颜色的画纸，让孩子随意撕扯。由于此后阶段需要在彩纸后方涂胶水，开始时，最好告诉孩子撕下的面积要大一些；随后在后方涂上胶水，粘贴到画纸上。粘贴一部分后，母亲要引导孩子停下来，发出诸如"这个看起来像什么"之类的询问，此过程中，即使孩子的回答与预想不一致，也不要立刻否定，要给予适当的表扬。然后，发出"让妈妈也玩一下"的请求，对孩子粘贴出的内容进行修饰，最终完成出与孩子的回答相同的作品。

孩子粘贴出花朵后，最好能够给出"再增加一些大小不同的花朵"的指示，引导其制作出拥有各种不同大小、颜色的花朵的花园。

通过撕下、粘贴动作的不断重复，将头脑中对作品内容的想象传递至指尖，使大脑的工作记忆区域得到有效锻炼。

增加训练过程的乐趣
最初阶段可参照轮廓画的方法

最初阶段，可先在画纸上画出图案的大致轮廓，参照轮廓的形状，粘贴撕下的彩纸。视孩子的兴趣、掌握情况，可将绿色彩纸比作树叶，引导孩子进行粘贴。

给出"夏天的树"、"苹果树"等提醒，引导孩子独立地选择应该粘贴的彩纸的颜色。

大脑教室

注意先后顺序

　　开始游戏前，引导孩子准备道具。除彩纸、画纸之外，由于要用到胶水，还要准备干毛巾、湿毛巾各一条。以上训练过程，能够有效提高孩子的预测能力。游戏过程中，要引导孩子耐心地、循序渐进地完成整个过程。除此之外，为培养孩子的想象力，要让孩子根据自己的喜好，绘制相应的作品。

想象力

折纸训练

通过观察，掌握每部分的大小

　　2岁时期，由于孩子的手指还不能够完全灵活地活动，因此，此阶段折纸训练的主要目的并不是希望孩子能够折出一定的形状，而是通过折纸的过程，教会孩子量的概念。具体可参照以下方法：母亲与孩子并排而坐，边发出"对折"的告知，边将折纸的两边对折，形成长方形；或将折纸的两脚对折，形成三角形。同时告诉孩子"对折"就是平分，是将正方形的纸张平均分成两份。边与边对折、角与角对折时，要紧紧地按住折纸，并适当地放缓动作，告诉孩子发出动作的手指的具体部位——如用拇指的指尖进行按压，增加折痕的深度。

　　对折完成之后，可进行3等分的训练。同样，在做示范之前，要告诉孩子3等分的含义——将折纸平均分成3份。与对折相比，3等分需要具有一定的预测能力，需要事先进行不断重复的训练。孩子逐渐掌握手指的活动、使用方法后，母亲可与孩子一同完成一些简单的折纸作品。

折纸过程中，要与孩子并排
而坐，边与其进行对话，边
让其对纸张的形状、手指的
活动方法进行观察。

应该折成什么样的图形呢?

牢记折纸的基本方法

折纸训练过程中,需要母亲通过形状、每部分的大小等讲解,对一些专业术语进行详细说明,如将三角形"对折"等等。为确保孩子听到专业术语后,能够准确地完成相应的动作,需要首先引导孩子掌握折纸的最基本方法。

 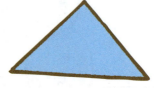

对折

折叠后,将折纸打开,让孩子对形成的2个等大三角形进行观察,教会其"对折"的概念。

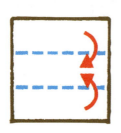 

等分

无需急着一步完成动作,边给孩子传授"3等分"的概念,边缓慢地进行即可。

预测能力

小狗的脸

对折的延伸。折叠完成后，可用彩笔画出眼睛、鼻子等，使之成为一个完整的小狗的脸。

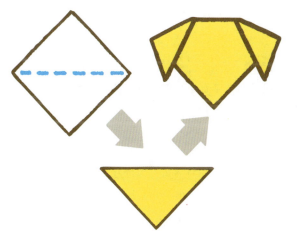

 大脑教室

根据大脑内的构想，完成折叠的动作

　　进行折纸训练时，要引导孩子观察对折、4等分的不同折法，使其掌握正确的折叠方法。相比之下，3等分的折法仅通过观察是无法准确掌握的。因为，完成3等分对折时，需要大脑中首先形成对完成形状的大致构想，并根据此构想对应该折叠的位置进行推测。在此推测过程中，额叶联络区的作用必不可少。

堆积木游戏

教会孩子创造的乐趣

　　事实上，堆积木游戏的难度远远超过我们的想象。最初阶段，可只让孩子进行横向摆放的训练。训练过程中，母亲要时刻注意观察孩子的掌握情况，尝试改变游戏方法，如，可通过发出"并排摆两个绿色的积木"、"旁边再放一个三角形的"等简单指示，培养孩子对颜色、形状、数字的辨别能力；通过与孩子竞争谁摆放得较高、较快，引导孩子更快速地完成动作，对其指尖的活动能力加以训练。

　　横向摆放方法掌握之后，可进入2个、3个积木重叠摆放的训练。此过程中，母亲要让孩子尝试各种不同的组合方式，边发出诸如"下边放什么形状的积木，会比较稳定呢"等询问，边引导孩子进行游戏。尝试不同的堆积方法，教会孩子房屋、高楼、桥梁的堆积方法后，孩子堆积木的能力会自然而然地得到提升。由于2岁阶段，孩子的基础知识还不够充足，指尖的各项运动仍处于发育过程中，很难摆放出复杂的事物，此时就需要各位家长，多做些准备工作，为孩子选择较容易摆放的事物，以此来激发孩子想要亲自尝试的欲望。为进一步激发孩子的想象力，建议各位家长能够经常与孩子进行此项游戏。

父亲在一旁辅助，同孩子一起享受建造自己想象的事物的乐趣。

想象力

增加指尖活动训练的强度

堆砖块游戏需要孩子将凹凸不平的砖块进行拼接、拆下，是锻炼孩子指尖部位精细活动的有效训练方法。游戏过程中，建议选择体积较大的砖块。

准确掌握堆积木方法后，可选择能够使孩子指尖部位得到有效锻炼的堆砖块游戏，对其大脑进行适当的刺激。

要点

较容易拼接的积木

除体积较大的砖块外，套装中还包含很多动物、汽车形状的砖块，非常适合第一次接触堆砖块游戏的孩子。所有砖块都放在一个塑料桶中，携带起来十分方便，游戏后，孩子一个人收拾也不成问题。

 大脑教室

3次元游戏的基础

堆积木游戏可使孩子同时掌握横向、纵向不同的摆放方法；既可以并排摆放多个二层小楼，也可根据需要将摆放的事物拆除；孩子能够摆放3个积木后，还可教会其不同体积积木的堆积方法。随着训练过程的不断深入，逐渐地，孩子便能够掌握各种不同事物的摆放方法，因此，可以说，积木游戏是孩子接触、创造3次元事物的第一步。

预测能力

乐器游戏2
掌握弹奏、发声的方法

　　通过敲击带键盘玩具的训练，使孩子的听觉、工作记忆区域得到有效锻炼。首先为孩子准备钢琴、风琴等能够通过按动手指发出声音的乐器，若条件不允许，也可选择一些能够准确发出每一个音符声音的玩具。训练过程中，母亲要边告知孩子"这是do"，边按动琴键使之发出相应的声音。需要注意的是，为确保孩子能够同时理解do的发音、专属名称及所处键盘的位置，母亲在进行动作时，一定不要忘记进行相应的告知。如果可能，建议do键的声音发出的同时，引导孩子发出"do"的声音。通过让孩子在听到相应音符的声音时，自己也发出同样的声音的方法，辅助其牢记住每一音符。

　　待孩子适应后，可适当增加训练的难度，一根手指连续按出do re mi三个音符，建议在声音发出的同时，引导孩子敲击相应的琴键，帮助其了解各不同音符的位置。以上边发出声音边敲击琴键的过程，能够便于孩子将每一音符的声音与相应的位置进行有机结合，在一定程度上降低记忆的难度。不断重复以上训练，在促进孩子工作记忆区域活动的同时，还能引导孩子同时对相应音符的名称、位置进行记忆。孩子对键盘有一定的了解后，母亲可以选择一些简单的、能够用一根手指完成的歌曲，与孩子一起弹奏。

按动键盘时，要始终用一根手指而不是胡乱的弹奏，要让孩子准确地听到每一个音符的声音。

记忆力

 大脑教室

将语言与音感进行有机结合

首先教会孩子食指弹奏的方法；随后，在弹奏的过程中发出每一音符的声音，如按下do键的时候，发出do的声音，按下re键的时候发出re的声音，按下mi键的时候，发出mi的声音，帮助孩子进行记忆。待孩子逐渐适应后，可先说出音符的名称，引导孩子进行弹奏，如，分别说出do re等音符的名称，让孩子独立地按下相应的琴键。以上内容全部掌握之后，可尝试与孩子交换角色，完成相应的训练。

双腿的活动方法

行走这一简单动作中，包含了很多思考性的过程。

让孩子尽早地掌握观察、预测、思考的能力，需要大量的行走练习作为基础。

散步过程中的沟通，意义重大

每天进行一定程度的行走训练，强化额叶联络区的活动

快速行走训练，能够有效促进额叶联络区的活动

使孩子能够在多种不同状况的道路上行走，是此阶段行走训练的主要目标。孩子摆脱摇摇晃晃的姿势，能沿着一条直线行走后，可引导其在不平的道路、上坡路、台阶等各种不同的道路上训练，确保其在任一种情况下，都能够保持身体平衡、顺畅地行走。训练过程中，母亲要经常观察孩子鞋子的磨损状况，若两只鞋子的磨损状况不同，母亲要回到原点，从头开始教会孩子"脚跟先着地、将身体重心转移至拇指球之上、最后用力蹬地"的正确行走方法。磨损较严重的鞋子要立刻换掉，让孩子把所有的精力都放在行走动作本身上，使其各种不良的习惯、姿势得以纠正。

孩子能够顺畅地行走后，可适当提高行走的速度，让孩子逐渐接触跑步的训练。与行走动作的始终有一只脚与地面接触相比，跑步过程中会出现双脚同时离地的情况。除此之外，跑步运动还能够促进孩子更快地对相应的方向、步伐、时间等做出判断，相较于行走，更能够使大脑得到有效的锻炼。

行走的同时，对周围的事物进行观察、聆听、思考，在同一时间完成两种以上动作，能够有效促进前额极区的活动。需要提醒的是，无论是行走训练，还是跑步训练，都能够在完成肢体训练的同时，使孩子大脑得到相应的锻炼，因此，建议各位母亲在与孩子进行对话、沟通的基础上，能够每天让孩子进行一定程度的练习。

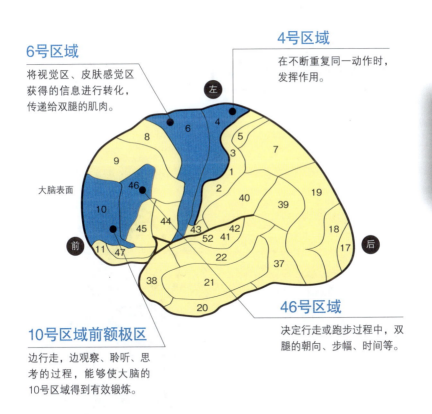

6号区域

将视觉区、皮肤感觉区获得的信息进行转化，传递给双腿的肌肉。

4号区域

在不断重复同一动作时，发挥作用。

脚

10号区域前额极区

边行走，边观察、聆听、思考的过程，能够使大脑的10号区域得到有效锻炼。

46号区域

决定行走或跑步过程中，双腿的朝向、步幅、时间等。

正确的行走方法

选择合脚的鞋子

为孩子选择鞋子时要注意以下四点：①与孩子双脚的大小相吻合；②双脚拇指能够自由的活动；③确保足围处（脚趾根部部位）有适当的紧绷感；④脚跟的位置始终固定不变

摆臂行走

摆臂行走，更容易保持身体的平衡，更容易培养孩子挺起胸膛走路的正确姿势。为确保孩子掌握正确的行走方法，进行相关训练时，母亲要首先教会孩子大幅度摆臂的方法。

尝试不同的道路

2岁以后，孩子的活动范围会逐渐扩大。除上下坡路、台阶之外，最好能让孩子也尝试一下凹凸不平的道路。根据不同的道路情况，选择合适的行走方法、姿势，能够使孩子的大脑得到有效的锻炼。

脚跟首先着地、拇指球用力蹬地

孩子两只鞋子出现不同的磨损时，需要检查孩子的抬脚方式，重新教给孩子"脚跟首先着地、转移重心、拇指球（拇指的根部）用力蹬地"的正确行走方式。

快速行走与上台阶训练

掌握行走的技巧

　　相同的动作，相应提高速度，能够有效增加运动的强度，使大脑的额叶联络区得到进一步锻炼。行走的训练也是如此，因此，当孩子能够不摔倒地完成行走动作后，母亲要适当地引导孩子提高行走的速度。追逐游戏、捉迷藏游戏等可有效地提高孩子的行走速度。具体训练过程中，可参照以下方法：选择草坪、较软的土地等即使摔倒也不会受伤的地点；加快脚步追逐孩子或发出让孩子在原地等待的指令后，突然跑开。

　　由于此时期内，孩子摔倒的频率相对较高，母亲要尽早教给孩子摔倒时，双手要伸到身体前侧的保护身体的方法。若孩子无法顺利完成，可让孩子尽量多的进行秋千、滑梯等游戏的训练，直至其能够快速地完成将双手移至身体前侧的动作为止。

　　上下台阶的训练，可在公园的台阶附近进行。通常情况下，上台阶时，只有脚尖与地面接触。教给孩子正确的方法时，母亲要让孩子意识到自己登上台阶时脚的形状，一级台阶、一级台阶地，确定双脚与台阶接触之后，再向上、向下运动。由于2岁时，孩子的双脚较小，还无法完成脚尖着地的动作，最初阶段，母亲需要拉住孩子的手，让孩子亲自感受"脚尖落地–脚跟（稳定）落地–脚跟抬起–脚尖蹬地"的正确动作顺序，一级、一级地，使孩子逐渐适应台阶间的落差。上下台阶过程中，配合步伐，适当地发出"1、2、3"的指令，能使孩子更容易、更顺畅地掌握相应的数字。

①双眼平视前方；②大幅度摆臂；③脚尖首先着地、脚跟蹬地，完成行走动作。

挑战上下台阶运动

为避免孩子产生害怕的情绪，要适当放慢训练的速度

到达台阶前方，发出"这就是台阶，要注意向上抬脚"的告知，引起孩子的注意。需要提醒的是，由于孩子的大脑普遍较重，下台阶训练过程中，要注意保护孩子的安全。

最初阶段，选择较宽、高低差较小的台阶，有助于促进孩子在确保身体平衡的情况下，完成上下的动作。

🧠 大脑教室

加快动作速度，促进额叶联络区的活动

　　孩子能够顺利地行走后，可以在不改变步伐幅度的情况下，适当引导孩子加快速度，并在此基础上，教会其大幅度摆臂的方法，尽量地增加行走的距离。训练过程中，当孩子的脚与地面接触时，最好能够母子同时发出"1、2"的声音。待孩子逐渐习惯、适应后，可适当地加快、降低节奏的频率，引导孩子配合相应的节奏进行行走。以上加快、降低行走速度的过程，能够使孩子的额叶联络区、运动区同时得到有效的锻炼。

边思考边行走

在任何道路上都能够顺利行走的训练

额叶联络区

　　散步过程中，尽量尝试多种不同的道路，因为，通常情况下，我们所遇到的都不会是光滑、顺畅的路面。因此，必须通过不断的训练，让孩子无论是在凹凸不平的道路，还是在上下坡路、石子路时，都能够保持良好的、稳定的行走姿势。除此之外，孩子上幼儿园后，会遇到独自举伞行走的情况，为提前做好准备，当孩子体力出现一定程度的提升时，可选择在下雨天外出散步，教会孩子正确的举伞方法。在此需要提醒的是，由于孩子的臂力还不能够承受长时间举伞运动带来的负荷，一上来就直接用伞进行训练，会给孩子带来较大负担。最初阶段时，最好在去公园的路上，首先让孩子尝试提着装有玩具的塑料桶，使其适应单手手提物体，行走的状态。

　　各种交通规则的传授过程也可在散步过程中完成。散步过程中，母亲要将走路时要靠右行、红灯停、绿灯行、正对面有人走来时要避开等规则，通过与孩子聊天的方式，逐个地说给孩子听。不同身体状况的孩子，能够持续散步的时间会出现不同，建议各位父母能够根据孩子的具体情况，适当地延长散步时间、增加散步距离。除此之外，母亲还要适时地调整说话的方式、改变散步的路径，增加散步过程的乐趣。

孩子能顺利地行走之后，便可开始在行走过程中，引导孩子对信号灯、广告牌等进行观察训练。

有效利用散步的过程
通过散步过程，使孩子准确把握周围的环境

人在行走过程中看到的信息，会被储存在后头部，转化成知识。因此，散步的过程中，母亲可以发出诸如"能看到什么呀"等的询问，有意识地引导孩子观察周围的事物，促进孩子快速掌握散步的路径及各种交通规则。

让孩子记住经常路过的道路上存在的事物及周围的环境，是散步训练的主要目的之一。

 大脑教室

进行匀速行走的训练

要告诉孩子在行走的过程中，时刻注意自己的左右、前方及地面的状况，遇到坑、坡时，要注意避开。要确保孩子始终保持同一行走速度。若孩子无法快速行走，说明其额叶的活动没有得到充分的发挥，此时就需要母亲对孩子加以不断重复的训练，直至其能够达到一个相对较快的行走速度为止。

踢球游戏

确定球门后，开始踢球的训练

踢球的动作相对较难，需要孩子具有同时完成单脚站立、单脚用脚尖将球踢出动作的能力。最初阶段，可适当地降低训练的难度，引导孩子向前伸脚、与球接触，培养其"踢"动作的感觉。按照右脚、左脚的先后顺序，同时对孩子的双脚加以训练。当孩子逐渐掌握"踢"的感觉后，可以用玩具代替球门，让孩子向着玩具进行射门。与双手投球动作相同，踢球的动作也需要大脑对球的方向、踢的力度进行思考。因此，当孩子能够正确地发出踢的动作时，一定要为其确定好球门的位置，引导其朝着球门踢球。

孩子适应踢的动作后，父母可以加入游戏，与孩子一同完成传接球的训练。孩子完成得较顺利时，要给予"好厉害"、"真棒"等的表扬，让孩子体会"踢得好就会受到表扬、会使游戏过程更加愉快"的快感。以上使孩子了解表扬后的快感的过程，能够有效激发孩子的干劲，使其为得到认可而不断地努力，最终实现正确掌握与人沟通方法的目标。

通过竞争、设置障碍等方式，在游戏的过程中，提升孩子的相应能力。

 大脑教室

增加训练的难度，促进额叶的活动

孩子能够准确地完成踢的动作后，母亲可以教给其用脚带球向球门移动的方法。以上牢记球门位置、边走边踢球的运动，能够使额叶得到有效的锻炼。孩子熟练掌握后，可进一步增加难度，训练孩子去的过程中始终右脚控球、回来的过程始终左脚控球的能力；母亲也可亲自加入游戏，与孩子比赛，看谁先到达球门。以上的训练过程，还可有效协助孩子找到习惯使用的脚。

跳跃训练

培养孩子的挑战精神

孩子能够完成一定强度的行走训练、身体发育也出现一定进展后，便可以开始跳跃的训练。与其他运动相比，除运动能力得到巩固之外，在从高处向下跳的过程中，孩子的挑战精神会逐渐萌发，到达低处时，孩子会体会到从未有过的成就感。重复、交替地感受这种紧张与成就感后，挑战新事物带来的乐趣、快感等会自然而然地留在孩子的记忆中。因此，建议各位母亲不要因为会害怕出现危险就阻止孩子进行挑战，而是要尊重孩子想要尝试的迫切心情，为其事先选择安全的活动场所。

最初阶段，可站在台阶或坡道之上，双脚并拢向下跳。刚开始时，母亲要握住孩子的手，配合口号的指示，将孩子向上轻轻拉起。当孩子出现害怕的情绪时，父母要各握住孩子的一只手，边发出"跳"的指令，边将孩子向上拉起，让其体会双脚离地的飞翔之感。孩子能够安全地从台阶上跳下后，最好立即引导其挑战跳跃的动作。事实上，跳跃的动作包含了很多其他运动所不能覆盖的要素，如脚尖聚集力量的时间、上体的活动方法等，因此，对于2岁阶段的孩子，跳跃训练是一种能够同时使其身体、大脑都得到有效锻炼的训练。

体力

孩子能够独自跳跃前，要进行足够的
"安全跳跃法"——拉住孩子的手，
辅助其进行跳跃的准备性练习。

在公园内玩耍

带领孩子接触信息量丰富的社会

除了能够为孩子提供玩耍的娱乐器材、放心奔跑的环境之外，公园还是一个让孩子与同龄孩子相互接触、共同玩耍的重要场所。从某种意义上来说，公园是孩子初次进入、接触社会的场所，因此为确保公园成为孩子能够愉快玩耍的场所，母亲需要事先做好各种准备性工作，如，若孩子比较认生，母亲可以选择避开孩子较多的时间段，首先让孩子适应公园的环境，再逐步地引导孩子与其他孩子接触，建立友谊关系。

2岁阶段，孩子还不能够独立地完成与小伙伴相互配合、进行玩耍的过程，因此，各位母亲可能会经常性地遇到由于争抢玩具引起的、自己孩子欺负别人或自己孩子被别人欺负的情况。需要提醒的是，只有在经历了以上摩擦的过程之后，孩子才会开始逐渐地掌握与人相处的正确方法，因此，当孩子间出现争吵，建议母亲们也不要立刻介入，要时刻保持进一步观察之后再采取行动的魄力。

由于除此之外，孩子会通过观察，对母亲的行为进行模仿。希望各位母亲能够通过与孩子一起玩耍、与其他母亲进行交流等方式，将自己也融入到公园的大环境中，寻找到属于自己的乐趣。

以身作则，通过自己的实际
行动，告诉孩子见到朋友时
要主动打招呼。

在滑梯台上感受速度
掌握双脚控制速度的方法

引导孩子独立完成登上滑梯、滑下的过程。告诉其在滑下过程中，可以通过张开双腿，控制下滑速度，促进其正确地掌握控制速度的方法。

除滑下方法的传授之外，母亲还要告诉孩子，当等待的同伴较多时，要遵守先后顺序。

 大脑教室

相互模仿的重要性

公园玩耍的过程能够有效培养孩子的社会性。进入公园后，母亲要首先主动地跟周围的人打招呼，向其他的家长或小朋友发出邀请。最初阶段的游戏，可以是让孩子对一些简单的动作（如，行走、手臂上举）进行模仿。需要提醒的是，在引导孩子模仿之前，要准确把握孩子当时的情绪、状态等。

在秋千上体会摇摆
掌握双腿弯曲与伸直
的动作要领

孩子握紧秋千、身体呈坐直状态后，从后方轻轻推动孩子的后背，待孩子习惯后逐渐增大摇摆的幅度，在此过程中，告诉孩子弯曲、伸直双腿的正确时机。

害怕摇摆的孩子，可让其坐在自己的腿上，边安抚，边完成训练过程。

 大脑教室

体会速度与3次元空间

孩子掌握滑梯的玩法后，就要进入下一阶段在3次元空间中独立活动自己身体的训练。训练过程中，要始终确保加速度在孩子的耳石器、半规管能够控制的范围之内，否则孩子会产生"眩晕"等不良反应。加大秋千的摇摆幅度时，要确保孩子始终能够较清晰地看到周围的景物，力度的投入要循序渐进，给孩子一定的适应时间。

在沙坑中认识朋友
使孩子能够更愉快地玩耍

沙坑是公园中面积最小、聚集孩子最多的地方。为确保孩子能够全身心地投入游戏中，最好带上铲子、水桶、布丁或果冻的空壳子等工具。

在孩子在沙坑玩耍的过程中，逐渐教会其如何通过与小伙伴的相互配合，共同完成某种事物。

 大脑教室

通过玩耍的过程，了解沙子的特性

在沙坑玩耍之前，母亲需要事先告诉孩子沙子所具有的特性——没有固定的形状、能够制作出各种不同形状的事物。除此之外，对沙子的量进行预测的训练也不可缺少，由于此时的孩子无法准确估计沙子的重量，可选择用杯子盛放的方法，教会其量的概念。游戏过程中，母亲可引导孩子在沙子上画出三角、四方等不同的形状，也可让孩子根据自己的想法进行堆积，制作相应的事物。最后，不能忽视孩子"三思而行"——在实际制作前，利用大量时间进行思考习惯的培养。

电车游戏

通过游戏感受工作的乐趣

用跳绳将孩子圈入其中，便可开始电车游戏的训练。最初阶段，最好参照母亲在前、孩子在后的顺序，相互配合着确定前进的速度。训练过程中，母亲可以通过告诉孩子"现在我们变成新干线了"后加速前进等方式，适时改变行进的速度，对孩子的大脑、双腿进行锻炼。当孩子能够配合周围人的步伐时，要将每个人的作用告知给孩子，如，前边的人是司机、后边的人是售票员等。游戏过程中，司机决定路径、速度，售票员控制车门的开关、进行报站的具体设定，要以现实生活为基础。以上游戏过程，可有效引导孩子对周围从事各种工作的人进行观察，促进其大脑中"职业"概念的形成。

孩子找到一起玩耍的小伙伴后，要让孩子单独与同伴进行游戏。位于队伍最前方的人，由于要配合后侧人的速度完成速度的控制、确定行进的路径等，孩子的领导能力会得到提升；位于最后的人，需要进行报站，可进一步促进孩子思考能力的培养；当演绎乘客的角色时，需要孩子自主决定下车的车站。母亲可通过以上过程，适时地引导孩子改变演绎的角色，使其了解更多不同的工作内容。

能够多人同时游戏是电车游戏的最大乐趣，除此之外，游戏过程还能帮助孩子认识更多的朋友。

 大脑教室

游戏过程中，孩子的领导能力会得到有效的提升

由于游戏的过程完全模仿现实生活，需要孩子具备一定的背景知识才能够顺利地完成整个过程，如扮演司机的角色，需要首先发出"本次电车开往XX"、"请尽快上车"等指令，引导各位乘客上车；乘客全部上来后，要尽快"发车"；前进一定距离后，要发出"XX站到了，列车将要进站"的指令，协助乘客上下车后，重新出发。若没有一起玩耍的玩伴，母亲可以和孩子一起玩，为孩子做示范，告诉其每个角色需要做的工作。

捉强盗游戏

通过适当的刺激，培养孩子的竞争心

将母亲与孩子两个人范围的追逐游戏进行延伸，使更多人能够同时参与，开始游戏前要为孩子讲解游戏规则：做强盗的人追逐逃跑的人，逃跑的人一旦被强盗抓到，会变成强盗，2人交换角色。由于要时刻记住谁是强盗，除进一步巩固孩子跑步能力之外，此游戏对锻炼孩子的工作记忆区域也具有一定作用。需要提醒的是，最初阶段孩子可能会由于紧张而跌倒，建议各位母亲事先做好准备工作，为孩子挑选出较安全的游戏场所。

具体实践过程中，可从母亲首先扮演强盗的角色，告诉孩子不能被强盗捉到，催促其快跑，开始。随后，通过"慢一点"、"马上要抓住了"等的提示，刺激孩子产生"不行，再不加速就要被追上"的想法，达到催促其加速奔跑的目的。从行走到快速行走，再到跑步的过程，随着动作难度的增加，孩子大脑受到的刺激也会发生变化，因此，为进一步促进孩子大脑的发育，希望各位母亲能够有效地对捉强盗游戏加以利用。

与同龄孩子一同玩耍时，孩子的竞争心会逐渐萌发，不想被捉到的想法也会愈发强烈，相应的运动量也出现一定程度的提高。对2岁阶段的孩子来说，捉强盗游戏能够全方位刺激孩子的大脑，因此，建议各位父母在条件允许的情况下，适当地增加游戏的次数。

捉强盗游戏能够让孩子体验到此前其他游戏所不能给予的"想要不被抓住，就要快速奔跑"的刺激。

 大脑教室

游戏开始前，首先为孩子讲解什么是强盗

　　让孩子模仿强盗的行为，必须首先让其了解强盗的样子，为孩子讲解什么是强盗时，可以通过一些有强盗出现的画册。除此之外，还要告诉孩子，游戏过程中，做强盗的人需要时刻考虑，抓到逃跑的人之后，自己如何逃脱；逃跑的人需要牢记躲藏、以及在强盗的魔爪下逃脱的方法。

捉迷藏游戏

促进10号区域发挥作用，培养孩子的预测能力

公园里有很多可以隐藏的地方，是捉迷藏游戏的最佳场所。要想寻找出躲藏起来的同伴，首先需要孩子具有预测出谁在躲藏、躲藏在什么地方的能力。游戏过程中，孩子分析同伴经常躲藏场所的能力会得到提升，寻找的方式也会发生改变。以上同时进行多项行为的过程，有助于促进大脑10号区域额叶联络区的活动，建议能够经常性地、邀请更多的同伴一同加入。

孩子与母亲单独游戏时，母亲要先做躲藏的一方，最初阶段，躲藏的地点不要过远，要故意露出头发或鞋子，使孩子能够快速地找到自己，让孩子通过对自己行为的观察，了解躲藏的地点、躲藏的方式等。随后再转换角色，让孩子躲藏，母亲进行寻找。母亲在寻找时，要发出"宝宝在哪呢"的询问，让孩子体会，即使心里紧张万分，也不能发出声音，要努力忍耐的感觉。

最初阶段选择容易被发现的
隐藏地点，让孩子体会自己
进行推测、寻找的乐趣。

 大脑教室

培养孩子牢记事物本身及相应名称的能力

　　孩子想要独自地将躲藏起来的人、物寻找出来，首先需要
对周围的地形、环境有一定的了解。在家中进行此游戏时，可
以用让孩子帮助洋娃娃穿衣的训练代替，在教会其衬衫、裤
子、鞋子的正确穿衣顺序后，通过发出"裤子在哪里呀""鞋
子在哪里呀"的询问，边游戏边教给孩子各物品的正确名称。

三轮车训练

让孩子体会自己驱使车运动的乐趣

　　三轮车、儿童车训练，可以让孩子接触到单纯行走训练所没有的身体运动，同时还能为将来孩子学习骑自行车奠定基础。确保场地安全后，便可以开始正式的训练了。最初阶段，可以让孩子只单纯地坐在车上，母亲从后方轻轻向前推。推的过程中，逐渐改变速度，告诉孩子骑车的速度要远快于行走、以及车向前行进过程中，脚蹬会随着转动等知识性内容。

　　接下来，让孩子将脚放到脚蹬之上，在确保孩子双脚能够跟上脚蹬转动节奏的基础上，轻轻地向前推。待孩子逐渐适应双脚的活动后，逐渐加大力度，让孩子产生将要摔倒的感觉。由于玩具车无法通过刹车减速，母亲还要告诉孩子通过双脚达到减速、停车目的的方法，确保孩子在遇到意外的情况下，也能够伸出双脚，确保自己不会受伤。需要提醒的是，三轮车也会出现翻车的情况，孩子训练的过程中，母亲要全程陪伴、在一旁进行辅助。平滑道路上的训练结束后，母亲可以带领孩子尝试坑洼的路段、上下坡路等各种不同的道路，使孩子更牢固地掌握正确的方法。

最初阶段从后方轻轻推动孩子，告诉其双脚的活动规则以及发出蹬的动作的正确时间。

大脑教室

为后期学习骑自行车阶段奠定基础

　　三轮车的训练能为后期孩子学习骑自行车奠定良好的基础，开始得越早、掌握得越早好处也就越多。前进的过程中，要告诉孩子时刻注意周围的情况、保持车体的平衡；训练的时间最好控制在与行走训练相差不多的范围内；除此之外，还要教会孩子在不摔倒的境况下进行转弯的正确方法。待孩子逐渐适应以上过程后，可适当地开始加速的训练。

育儿活动能促进母亲大脑的活动

育儿活动与家务同时进行，有助于促进母亲大脑的活动

孩子2岁时，身体会变强壮，每天只想着出去玩，面对孩子如此大的变化，想必各位母亲也会产生疲惫、无力之感吧。事实上，经历了育儿的过程，母亲自身的大脑也会得到相应的锻炼。例如，孩子刚出生时，听到哭声，母亲便能本能做出是不是肚子饿了、尿布脏了、是不是想睡觉了等的猜测。这是由于母亲已经将此前的实际经历，如，孩子哭的时长、声音、时间等，都输入到了自己的大脑中，当孩子哭泣时，大脑的工作记忆区域会发挥作用，自动地将现在的状况与已储存的内容进行匹配。

除此之外，孩子出生后，母亲同时完成多种行为的机会逐渐增多，如，边做饭边照看孩子；有2个以上孩子时，还不得不掌握每一个孩子的活动。正如本书此前的说明，同时完成两个以上行为时，大脑的10号区域会得到锻炼，这一真理对母亲自身同样适用。因此，经历了育儿过程后，母亲的10号区域的活动会大幅度增强，与之前相比，情感的控制能力、"一心多用"的能力会出现较大的提升。有研究表明，全年无休照看孩子的母亲们，其自身海马体（与

记忆相关的大脑结构）的体积都出现了较大变化，而不经常参与育儿过程的父亲们，其海马体却几乎没有任何变化。

　　把教育孩子的过程看作是，为促进自身大脑活动的某种锻炼，各位母亲会从育儿过程中得到前所未有的体验及感受。而且，能这样天天与孩子腻在一起的日子并没有想象中的长，孩子上幼儿园后就再也没有这样的机会了，所以，何不趁此机会，促进大脑能够更高速的运转，使自己变成一个头脑聪明的美女妈妈呢。

母亲大脑中的海马体
也会随之变大

提高孩子的会话能力

说话是人类区别其他动物的最大特征。

培养孩子通过语言，与他人进行沟通的能力，能够使孩子的潜在能力得到充分的发挥。

学习人类特有的活动——说话

通过对话、表情了解对方的感受

经常将小人书的内容读给孩子听，会得到意想不到的效果

让孩子能够清晰地传递、表达自己的想法是2岁阶段教育的最主要目标。在此之前，母亲必须首先让孩子正确地记住身体的各部位、周围事物的名称。训练过程中，母亲可以适当地改变说话的方式，将整个句子进行拆分，使仅通过单纯地罗列词语，就能表达相同的意思，如，用"橘子、吃"两个单词，表达"我想吃橘子"的内容，为宝宝后期更复杂语言的学习奠定基础。

读故事给孩子听，无论是对增加孩子词汇量，还是为今后的写作训练做铺垫，都不失为一种不错的方法。颜色分明、早中晚分明的时间系列童书，能够让孩子在听故事的过程中，了解时间的流逝，便于其理解故事的内容。

除此之外，与孩子对话时，一定要看着孩子的眼睛或面部，通过不断丰富自己的表情——高兴时露出笑容、失望时露出伤心的表情，培养孩子通过表情感受他人情绪的能力。为确保孩子能够从多种渠道获取信息，母亲必须首先为孩子创造一个喜怒哀乐各种情绪的区分都足够分明的环境。

40号区域

记忆语言的场所。告诉孩子事物的名称的同时，施加味道、颜色的刺激，大脑会将感受到的气味、看到的颜色与事物进行关联，使孩子今后听到名称时，立刻就能联想到它的各种特征。

说话

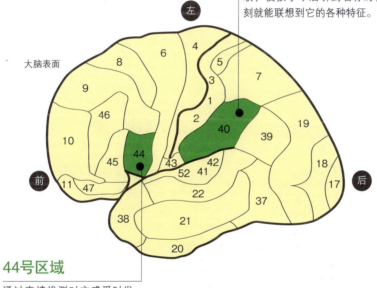

大脑表面

左

前

后

44号区域

通过表情推测对方感受时发挥作用的镜神经元系统的活动场所。

109

对话的要点

使用正确的词语

即使孩子记住了事物的儿童用语，在今后的学习过程中也不得不重新学习正确的说法。因此，母亲要及时纠正孩子的用词，尽早让其掌握正确的词语。

对话时看着对方

对话时看着对方，在与人沟通过程中发挥着重要的作用。在对话过程中，孩子通过表情推测对方感受的行为，能够有效促进镜神经元系统的活动。

边用手指，边告知正确的名称

教给孩子固有名词时，务必要用手指向相应的事物，清晰地说出相应的名称。除此之外，也可发出"哪个是汽车呢"的询问，引导孩子伸手指向目标物。

猫

读小人书给孩子听
重复同一故事，直至孩子能够背诵为止

将小人书的内容读给孩子听，有助于增加孩子的单词量、提高听力，因此，建议每天进行。2岁左右时，孩子对小人书的选择也会出现较明显的倾向，此时，如果母亲一味地尊重孩子的选择，会导致孩子出现"偏科"的情况，因此，在顾虑孩子的喜好的同时，还要选择一些孩子不常接触的小人书，促使其对各种不同的事物都产生兴趣。

读的过程中，语速不要过快，要时不时地配合文章的内容，伸出手指指向书中的插图，帮助孩子理解。读到一半时，可以停下来，询问孩子一些与主要内容、主人公的心情相关的问题，如，"他为什么要这么做呢"等等。通过以上过程，在告诉孩子若想表达自己的想法，需要掌握相应的词语的同时，还能够培养孩子边读边进行推测的良好读书习惯。最后，故事结束时，要引导孩子对故事的内容进行描述，以促进其工作记忆区域的活动。

想象力

读书时，要与孩子并排而坐，确保孩子能够看到书中的图画。

想象力

大脑教室

通过小人书，引导孩子学习词语、说话方式

要不断地重复同一故事，直到孩子能够记住故事的全部内容。读的过程中，可以中途停下来，用手指向某一图画，发出"他是什么，在做什么呢"的询问，引导孩子进行回答。孩子能够给出正确答案后，可将书合起来，让孩子简单复述主要内容。除此之外，让孩子根据自己的想法改变主人公及故事的内容，并进行表达，也是一种不错的训练。

记住故事内容
重复阅读，引导孩子背诵

孩子还不识字的阶段，是锻炼工作记忆区域的最佳时期。对于孩子喜欢的故事，母亲要不断地重复读给孩子听，直到其能够背诵为止。

翻页时，发出"会发生什么呢"的询问，让孩子对故事的展开进行预测。

从前有一只巨大的蟒蛇

扩大单词量
增加孩子的知识性信息量

　　孩子了解的单词最终会成为某种知识，在与其他同伴进行对话时发挥重要作用，因此，母亲要尽早地将周围经常接触的事物的名称教给孩子，确保孩子2岁左右时，能准确地说出眼睛、嘴巴等面部部位及四肢、肚子等身体部位的名称。除此之外，左右两侧之分，最好也在此阶段内教给孩子。最初阶段，若孩子无法理解，可选择以下方法：与孩子一同站在镜子前，举起同一侧的手，告诉孩子"这个是右手"。

　　路旁经常看到的标语、标志等的读法、意思也需要在此阶段逐渐教给孩子，如看到P的标志后，要告诉孩子"那个字母读pi，是汽车的停放地——停车场的标志"。通过以上过程，将罗马字母、阿拉伯数字等，作为一种图形，而不是一个抽象的字母、数字传授给孩子，有助于促进孩子对相关内容的掌握。男女厕所、紧急出口、电梯等的标志也可以通过同样的方法，教给孩子，除此之外，还要告诉其如何区分不同的标志，逐渐增加其知识性信息的储存量。

散步过程中看到的标志，通过对话的方式引起孩子的兴趣，告知其正确的名称。

🧠大脑教室

引起孩子的兴趣，告知正确的名称

　　首先要让孩子知道，观察到的周围的所有事物都有具体的名称。训练过程中，一旦看到某种事物时，要立即告诉孩子其正确的名称。具体可参照以下方法：看到某一事物或文字时，通过"这是什么"等询问方式，引起孩子的兴趣，完成简单的说明后，告知正确的名称；要当场确定孩子是否已经正确掌握，若孩子没掌握，要重复传授过程，直至其掌握为止；当孩子顺利掌握后，再次遇到同一事物时，要给予"这个和刚才那个一样"的提示，引导孩子说出正确的名称。通过以上过程的训练，孩子的单词量会出现显著增加。

2岁阶段需要记住的单词

说话

动物–自然

头发
鼻子
耳朵
眼睛
嘴
手
肚子
腿

面部、
身体部位

食物
（面包-米饭-水果-蔬菜）

标志

牢记数字

数与数字的传授过程同时进行

　　数字的教学过程,可直接融入到日常生活中。如,若想让孩子吃完两个橘子,边告知相应的数字,边将橘子一一摆放,引导孩子进行观察。以上边数边罗列的过程,能够促进孩子将2的概念与数字2看作一个整体,便于孩子记忆。孩子掌握数字2的名称及含义后,可开始数字3的教学过程,3掌握后,开始4…… 直到孩子掌握10以内的所有数字为止。根据孩子的理解程度,可适当加大训练难度,告诉孩子"2个"与"第2个"的区别——将几个玩具汽车并排摆放,发出"把第3个汽车给妈妈"的指示,引导孩子拿取。

　　除此之外,建议母亲将数字的教学与实际生活相结合。无论是"1、2、3"、"1个、2个、3个"、还是"一、二、三"都具有同样的含义。

妈妈，给我一个苹果。

引导孩子独立地表达想要的东西，想要的个数，能使其会话能力、数字的掌握能力同时得到训练。

充分利用附录部分的
"数字卡"
在游戏过程中，
学会数字的概念

从背面数苹果的练习开始，孩子理解数的含义后，将数字卡翻过来，交给孩子相应的数所对应的数字，引发孩子对数字的兴趣。

母亲可加入游戏过程，与孩子竞争谁先找出提到的数字。

🧠 大脑教室

利用实物，教会孩子数字的含义

　　告诉孩子数可以表示量的多少的特征，孩子掌握10以内的所有数字后，教给其简单的加减法，如，2加1等于3等；还可以以苹果为实际例子，告诉孩子1/2、1/3的含义。需要提醒的是，教学过程中，不要每次都从1开始，对于已经掌握的东西，重复的训练没有任何实际意义。孩子能够理解0的含义后，将数字按照0、1、2的顺序排列，让孩子在理解数字概念的同时，了解正确的顺序。经过了以上的训练过程，孩子今后看到数字，会自然而然地读出相应的发音、想到它的含义。

连接2个以上不同的词语

通过造句训练，提高会话能力

　　孩子掌握一定量的词语后，可教给其连接2个以上词语的方法，引导孩子进行造句。例如，孩子说出"外边"时，母亲通过"想去外边？"给予纠正，孩子说"橘子"时，要通过"想吃橘子？"给予纠正，通过以上过程，逐渐地教会孩子造句的正确方法。需要提醒的是，孩子通常会从日常对话中，掌握词语、语法的正确用法，因此，母亲与孩子对话时，一定要使用正确的用法。"打电话"游戏，是让孩子记住词语的最好方式。进行"打电话游戏"时，由于孩子仅能够通过语言表达自己的状态、想做的事情，随着游戏不断进行、开展，孩子会自然而然地掌握相应的用词方法。实际练习过程中，母亲可选择电话形状的玩具或废旧的电话，与孩子进行对话，引导其完成较长句子的造句。

　　除此之外，母亲还要教给孩子表示方向的"那边"、"这边"、"对面"、"这里"的含义及使用方法，引导孩子进行实际运用。教学过程中，母亲可通过边传授单词"这里"的含义边用手指向相应的方向，来加深孩子的理解，提高教学效率。需要提醒的是，此阶段的训练，与孩子对话的过程中，要尽可能地引导孩子表达自己的想法、提出自己想去的地方等。

与孩子对话时，要耐心等待，直到孩子完整地说出自己的想法为止。

表达

🧠 大脑教室

方向的名称与含义一同记忆

　　孩子掌握一定量的词语后，可以开始下一阶段连接2个以上词语的造句训练。训练过程中，母亲要引导孩子用2个以上的词语表达自己的想法。教给孩子方向名词时，可配合手指的动作，加深孩子的理解，如，教给孩子"那里"的说法、含义时，可用手指向相应的方向。除此之外，还要通过反复的训练，让孩子能够独自、准确地用手指出上下左右的方向。

掌握社会性

只重视知识量的教学方法，并不能将孩子培养成为一名合格的社会人。

当今社会，想要生存下去，还必须具备一定的"智慧"。

为孩子今后适应集体生活奠定基础

对教育内容进行细分，让孩子从更多方面了解社会

看着父亲背影长大的孩子

　　无论是能够完全适应集体生活的孩子、遇到不会做的事就忍不住大哭的孩子，还是喜欢独自玩耍的孩子，无论他们的性格拥有着怎样的不同，最终都不得不面对进入社会的现实。为使孩子尽早适应社会，父母必须在孩子2岁左右时，让其了解集体生活，学习融入、适应集体生活的方法，在不断欺负别人、被别人欺负的过程中，学会自我牺牲与为他人着想，逐渐地完善自己，使自己成为一个合格的社会人。

　　进行孩子社会性培养的训练时，需要监护者能将目光从孩子身上移开，给孩子一些独自的空间，建议此项工作由经常扮演稳重而又不至于太精细角色的父亲来完成。希望各位忙碌的父亲们，能够抽出自己的宝贵时间，经常带孩子去公园玩一玩，教会其如何与周围的人进行相处。除此之外，为拓展孩子的思维、激发其各方面的潜能，建议父亲利用好每一个休息日，带孩子到不同的地方去游玩，让其亲身接触、了解周围的社会。以上将子女教育过程进行细分的方法，可有效改变孩子看待社会的方式、拓宽孩子的视野。对于一些单亲家庭的孩子，母亲往往必须同

时肩负两个人的任务，即使母亲能够成功地扮演父亲的角色，孩子自身是否能够理解，也还是一个问题，因此，有条件的话，父亲、母亲应该同时参与子女教育过程。

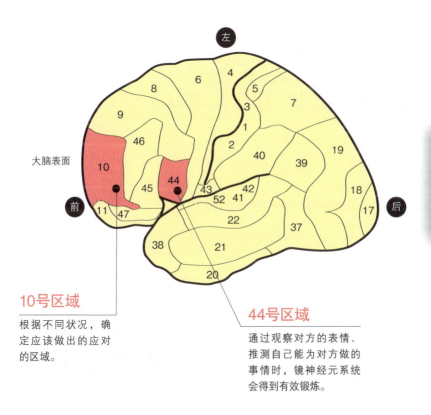

大脑表面

10号区域

根据不同状况，确定应该做出的应对的区域。

44号区域

通过观察对方的表情、推测自己能为对方做的事情时，镜神经元系统会得到有效锻炼。

让孩子体验社会的要点

适应集体生活

为了孩子进入幼儿园后，能够尽快地适应集体生活做好充足的准备。增加孩子与家人以外的人进行接触的机会，教会其如何表达自己的想法以及推测别人的想法。

学会分享

让孩子了解将自己的东西分享一部分给别人的乐趣。实际训练过程中，可参考首先与家人分享、随后在小伙伴间分享的顺序。

父

父亲要积极地参与到子女教育过程中

建议父亲利用好每一个休息日，带孩子到不同的地方去游玩，让其亲身接触、了解周围的社会。父亲对于社会的看法往往与母亲有较大差异，为确保孩子能够更全面地接触、了解社会，建议将子女教育的任务进行合理的分配。

目光时刻不离开孩子

集体活动过程中，会出现各种意想不到的情况。遇到类似的情况，建议各位母亲不要立即伸手帮忙，要首先观察一段时间，给予孩子自行处理事情的权利。

母

社会

遵守规则

掌握集体生活的基础

随着孩子年龄的不断增长、接触的人越来越多,不得不学会忍受的事情也会随之增多。在此之前,父母若不教会孩子如何控制自己的情绪,遵循一定的社会规则,孩子会很难适应今后的集体生活环境。因此,建议父母在孩子2岁左右时,有意识地培养孩子遵守规定、规则的意识。实际训练过程中,可选择参考 "糖块与鞭子"的方法。

首先,确定家庭内的各种禁止事项(规则),告诉孩子什么事情不许做,要严肃、严厉地告诉孩子"如果不遵守,妈妈要打屁股",若孩子真的不听劝说,犯了错误,一定要打,不能手下留情,打的时候最好用手掌轻轻地拍打,使"鞭子"发挥鞭策作用。通过以上过程,让孩子将"痛"的体验与"禁止"的相应规则相互关联,逐渐地孩子便会产生"不做=忍耐"的概念。相反,如果孩子成功地遵守了规则,要进行适当的表扬,如,轻轻地抚摸孩子的头部或给予一个热情的拥抱等,让孩子体会"不做,会得到很舒服的待遇",促进其积极主动地进行忍耐。综上所述,为确保今后能够和谐地处理人际关系,建议母亲尽早引导孩子了解规则的重要性。

不同情景下，母亲要注意选择不同的表情，如斥责孩子时摆出严肃的面孔、表扬孩子时表情要尽量柔和。

正确利用惩罚游戏

通过惩罚游戏让孩子了解
"禁止"的含义

孩子做出"禁止"的动作、说出"禁止"的内容时，可参考通过弹手心等惩罚游戏的规则，让孩子在游戏过程中，正确地了解、掌握"禁止"的含义。

看到父母犯错误受到惩罚的事实后，孩子会自发地产生遵守相应规则的意识。

🧠 大脑教室

对额叶联络区进行锻炼，教育孩子遵守相应的规则

　　要适应社会，必须遵循一定的规则，因此，父母要尽早告诉孩子，做应该做的事情，不做被禁止的事情。需要提醒的是，要完成以上过程，必须确保孩子的额叶联络区得到了足够的锻炼，否则往往会适得其反。若孩子能够顺利地完成，要给予适当的表扬；若孩子不听话，执意违反规则，要立刻给予严厉的处罚。

设定正确的生物钟

确保每天必要的活动量与足够的睡眠

孩子的睡眠时间能够比较集中后，建议母亲为孩子制定一个简单的日常生活作息表，引导孩子参照作息表内容完成每天的活动。1天24小时的设定是为配合地球的自转而形成的，若从人身体的节奏考虑，1天只包含23.5小时，因此，在为孩子制作作息表时，母亲要进行适当的调整，否则孩子会很难适应每天24小时的节奏。除此之外，作息表还具有促进孩子推测下一时段主要活动的作用，能有效简化之后的训练过程。因此，为避免孩子到了上学的年龄，不适应幼儿园的作息时间，建议各位母亲能够在孩子2岁左右时，帮助其确定一个较准确的生物钟。

具体训练过程可参考以下方法：首先确定起床及睡觉的时间，确保孩子有足够的睡眠时间，睡觉时间越早越好；接下来确定吃饭和午睡的时间；最后根据当天不同的情况，对各项训练、游戏的时间进行调整。

社会性

 大脑教室

确定起床与入睡时间

　　想要健康的生活，身体必须遵循一个正确的生物钟。现在我们的作息规律，完全是为配合地球的自转而形成的，从人身体本身考虑，1天只有23.5小时。因此，只有使起床、入睡的时间正确，才能确保即使生活节奏出现些微的混乱，也能够顺利回归正常的状态。

打招呼训练

父母是孩子的好榜样

打招呼是与人沟通的基础，想让孩子无论何时、遇到谁，都能够在打招呼时与对方对视，需要在日常生活中持续坚持相应的训练。训练过程中，父母要为孩子做好榜样，如果父母都无法做到，孩子自然也很难做到，因此，建议各位父母将主动与人打招呼作为家规的一条，同时督促自己和孩子去遵守。

具体训练过程中，可参考以下方法：首先，告诉孩子，每个家庭成员都必须掌握"早上好""晚安""开吃了""吃饱了"的正确用法；不同时间的不同招呼形式，如中午好，晚上好；分别的时候，可以用"拜拜"代替"再见"等，可以通过过家家游戏的过程进行传授。

除此之外，在此时期内，母亲还要教会孩子如何对别人的招呼进行回复。告诉孩子耐心听取别人说话的内容，是获取知识的重要途径；当听懂别人的话，要积极地给予"是的"等回答。

培养孩子养成遇到认识的人，主动与对方对视并打招呼的好习惯。

 大脑教室

孩子会时刻模仿父母的行为

打招呼是孩子进入社会后不得不掌握的能力，孩子对父母的模仿主要是通过镜神经元系统实现的。

五官刺激

增加刺激的强度、数量

孩子2岁到3岁之间的时期被成为"临界期"，是各种感觉器官对外界刺激最敏感的时期，在这一时期内，孩子受到的正确刺激越多，越有助于其对不同感觉的处理能力、感受能力的培养。此时期内，熟练地掌握各种感觉能力后，孩子在看到花的时候，会自然而然地想到花朵"美"的自然属性。

为培养孩子的感觉、感受能力，父母要在力所能及的范围内，让孩子接触各种好的、高雅的事物，培养孩子的鉴赏能力，如，带其去音乐会感受管弦乐；带其去博物馆、动物园了解激动、压迫感；带其去植物园体会花朵的清香；为其选择时下最新鲜的食物，让其了解"好吃"的具体感受。

以上边观察乐器形态边欣赏其产生的声音、边感受食物的气味边进行品尝等同时受到两种以上刺激的过程，能够有效促进孩子大脑各区域的活动。

通过让孩子亲自感受事物的大小带给人的压迫感，逐渐地促进其不同感觉的发育。

好大哟！

🧠 **大脑教室**

通过感觉刺激，促进智力发展

临界期是大脑感觉系统（枕叶、颞叶、顶叶、额叶的眶回结构）所特有的特征，大脑的运动系统额叶不存在临界期。人的行为、活动只要不断地进行重复性训练，就能够准确、灵活、快速的掌握，与年龄没有任何关系。接受不同的刺激，并随之做出运动性反应，是促进大脑发展的重要方法。感性与理性经常配对出现，理性受额叶活动的支配，与感性相关的记忆，最终会转化成知识存储，记忆与理性相关的内容则需要工作记忆区域的作用。以上两种记忆共同组成了我们常说的智力，通常情况下，智力高的孩子，其大脑具有较大的开发潜力、更长寿、也更不容易患病。

男孩与女孩

让孩子做其想做的事情

2岁左右时，不同性别的孩子，受不同遗传基因的控制，其相应的行为也会出现一定差异，通常，女孩会更喜欢说话、手工、时尚方面等的活动，而男孩则有好动、喜欢机械、竞争性游戏的倾向。子女教育过程中，父母要根据孩子的不同性别，安排相应的训练、教育内容。当然，女孩子对机械感兴趣、男孩子与人沟通的能力过人也未尝不是件好事，但是由于2岁阶段的孩子，其身体、心智的发育还不能负荷过于复杂的内容，最初训练阶段，建议各位父母能够引导孩子首先完成与其性别相符合的训练。

要理解、接受"男孩子之迷"

对母亲来说，男孩子永远是个迷一样的存在，很多时候，母亲都无法了解男孩子各种行动背后的真正原因。个人认为，无法理解就保持无法理解的状态，也未尝不可，只要不给周围的人带来困扰，再古怪的行为也照单接受，是作为一个男孩子母亲所必要的豁达。

学习方面，与女孩子任何训练、学习都能够很快适应的状态相比，男孩子更倾向于只做自己喜欢、想做的事情，因此，本书中所介绍的内容、方法等,让男孩子按部就班地进行学习,也许会有一定的难度。在此需要提醒的是,通过刺激孩子的大脑,促进突触数量的产生,使大脑形成更多的神经回路才是2岁左右子女教育的主要目的,即使结果可能不能达到预期想象,实践、训练过程本身的意义也是不可忽视的,因此,在孩子不能非常顺利地完成相应的活动时,各位母亲也无需为此着急上火、发脾气。理性地思考事物、亲自动手创造新事物,是男孩子们的强项,建议各位母亲在看到孩子在此类方面的成长时,能够给予适当的表扬、奖励。

看到孩子有进步时,
要立刻表扬他

143

问与答

久保田式育儿法

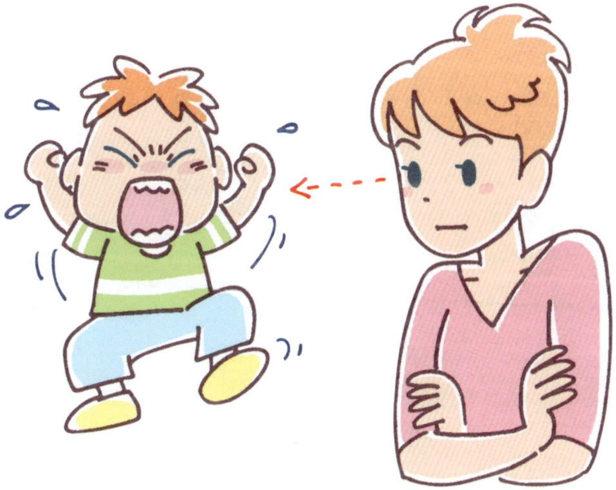

问1 孩子已经到了咿呀学语期，但是却不怎么听话。

答 寻找出孩子不听话的根本原因。

　　走在大街上，因为得不到自己想要的东西，在商场地上打滚、撒娇的孩子；因为没玩够，坚持不从公园离开的孩子……随处可见。这个时期的孩子完全就是一个"小恶魔"，无论母亲说什么，都回答"不要"，一心只想按自己的想法行事。有时会让人不禁怀疑，难道这是孩子成长过程中的必经阶段吗？

　　当然不是。事实上，孩子之所以敢明目张胆地说"不"，完全是父母的过错，是父母为孩子创造了一个敢于说"不"的环境。具体可有以下原因：

　　① 不能准确地了解孩子的状态

　　② 没有严厉地进行批评

　　③ 孩子的额叶联络区没能发挥正常的作用

　　1、一定存在着某种原因，促使孩子厌恶某种特定的事情。通过与孩子沟通，准确地把握孩子厌恶的原因，努力进行调整、修正，不给孩子今后继续厌恶的机会，是父母的重要使命。

　　2、父母的训斥不够严格，很容易让孩子找到钻空子的机会。建议各位父母明确地告诉孩子不能做被禁止的事情，一旦孩子违反，无论是否当着其他人的面，无论孩子是否表现出疲惫的状态，都要给予严厉的训斥；当孩子听懂劝说，明确地回答"明白"之后，要给孩子一个奖励的拥抱。

3、额叶联络区是大脑进行"思考"的场所。不能正确地区分能做的事与不能做的事，说明孩子的额叶联络区没能发挥正常的作用。通常情况下，相应的情绪支配了孩子的"不要"，希望各位父母能够有效地利用本书介绍的方法，对孩子的额叶联络区加以正当的锻炼，为孩子创造一个能够理性思考的大脑。

除此之外，为避免孩子产生"不要"等负面思想，建议父母学会设置问题，将决定的权利交给孩子，如，买东西时，父母可以给出两个选项，询问孩子的意见，让孩子自主选择。

问2 孩子走起路来总是摇摇晃晃的，现在还没学会走路，是不是有什么问题？

答 建议参考此前的久保田0岁、1岁教育法的内容，对孩子进行训练。

　　希望各位父母首先仔细地观察一下自己孩子的走路姿势，看看孩子是否有抬不起脚、走起来十分痛苦的情况，若有，要立即带孩子去小儿神经科，咨询专业的医生。如果无法找到专业的医生，可以试着拜托自己的家庭医生推荐一下。若经过检查，孩子完全正常，那就需要母亲尽可能地增加孩子走路的机会、加大训练的难度。若孩子无法掌握正确的方法，始终全脚掌着地，建议尝试一下踏步体操的训练——让孩子双手抓住桌子，双脚全脚掌着地，家长用手按住孩子双脚脚背，双脚用力向上抬起。双脚被按住的情况下，想要发出抬脚的动作，双脚脚跟会自然抬起，身体重心会自然而然地移动到拇指球附近位置处，以上就是最正确的重心移动过程。双脚交替进行以上训练，孩子便能逐渐掌握正确的行走方法。于此同时，如条件允许，建议参考一下本系列丛书前两本《打造天才大脑的0岁教育》、《打造天才大脑的1岁教育》中介绍的内容、方法。

问3 我很努力、积极地让孩子尝试书中介绍的方法，但是效果却总是差强人意。

答 给予适当的表扬，是教育子女过程中最大的技巧，教育过程中，母亲要首先掌握引发孩子干劲的方法。

即使没有很直观的效果，只要训练方法正确，孩子的神经回路数量就会出现一定程度的增加。在孩子2岁左右的阶段，与结果相比，通过各种不同的方法，教会其正确活动自己身体，使其大脑中不同的区域都得到适当的刺激，才是重中之重。

当孩子有进步时，无论程度多少，要给予适当的表扬。当"进步即获得母亲的表扬"的概念在孩子头脑中形成以后，孩子对待各种训练的态度、方式也会随之发生变化。

问4 所有的训练孩子都不能顺利完成，既不会老实地呆着、也不敢在说话时与对方对视，是因为大脑出现问题了吗？

答 如果担心，最好带孩子去医院，咨询专业的小儿神经科医生。

孩子2岁左右时，若患有自闭症、艾斯伯格综合征等疾病，相应的病症，如无法正常与人进行沟通，会逐渐显现。因此，若孩子出现疑似的病症，母亲要尽早带孩子去咨询专业的小儿神经科医生。

在有些专业医生看来，根据患病程度的不同，有些艾斯伯格综合征的患者，也能够像正常人一样生活，这是因为，他们大脑内控制与人交流的区域可能存在障碍，但是有可能其他一些特殊的区域会出现与正常人完全一样、甚至高于正常人活动，爱因斯坦就是最好的例子。因此当孩子出现类似的状况时，母亲要尽早地带孩子去咨询专业的医生，综合医生的专业意见，为孩子设定适合自己的发展方向。

与其花费大量的时间在孩子不能完成的事情上，为孩子创造一个能够发挥自己长处、选择自己喜欢的职业的生活才是为人父母的重要使命。

问5 训练过程中，孩子总是不能集中精神

答 母亲要全身心地投入到游戏中，为孩子做好榜样。

　　游戏过程缺乏乐趣，便很难引起孩子的兴趣，孩子精神的集中时间也不会太长久。而游戏是否有趣，完全取决于母亲，因此，母亲必须要准确地了解每个游戏的目的，通过自己的亲自示范以及与孩子的沟通，引起孩子的兴趣。

　　除此之外，建议母亲同孩子一起，加入到游戏过程中。母亲愉悦的表情等会使孩子受到影响，引发孩子的兴趣。

问6 孩子对做饭表现出了强烈的兴趣，应该让它接触真正的刀具吗？

答 孩子的双手、手指都能够灵活活动后，可适当让其接触实物的训练。

与市面上出售的不会切伤手指、可放心使用的孩子专用道具相比，使用真的刀具能够促进孩子产生"刀——切到手指——危险——注意"的概念，并在此过程中，牢记双手、十指的正确活动方法，进一步促进大脑的活动。

安全更重要还是孩子的大脑发育更重要，由各位母亲亲自决定，无论最终的选择如何，由于做饭的训练能为孩子带来各种不同的刺激，如果孩子感兴趣，希望各位母亲引导孩子进行尝试。

155

问7 孩子已经2岁多了，说话还不是很顺畅。

答 为孩子创造更多的说话机会，若孩子有进步，则完全无需担心。

即使年龄相同的孩子，在说话能力的掌握方面，也会出现差异——有的孩子已经能够说出完整的句子，有的孩子却发音不准确、只会说出简单的单词。孩子出现以上情况时，母亲也无需担心，因为2岁还只是语言学习的开端，并不是终点。语言的掌握在于不断重复地使用，建议母亲在与孩子沟通过程中，选择较为简单的、孩子能够理解的语言，不断地对孩子施加相应的刺激。

除此之外，读故事给孩子听，也是培养孩子语言表达能力的有效方法之一，建议各位母亲能够挑选出孩子感兴趣的书籍，时不时地读给孩子听一听。

答　男孩子尽量去玩男孩子应该玩的游戏。

不要让家庭环境、其他家庭成员（如妈妈、姐姐）的行为等，影响孩子的嗜好。男孩子满2岁后，母亲有责任引导其了解男孩子应该感兴趣的游戏、教给其正确的玩法。

如果母亲自身对游戏的内容、玩法等缺乏了解，可以由父亲、爷爷或者男性的朋友代替。

激发孩子的创造性 七巧板游戏

附录2特别奉献——母子一起，边玩边思考

狗

7片不同形状的塑料板带来的神奇世界

七巧板出现在18世纪的中国，是一种将一个正方形分成形状不同的7块，通过不同的摆放方式，创造出人、动物、建筑物、交通工具等形状的智力游戏。据说，不同的摆放方式，能够创造出数百种图案，本书为大家介绍几种简单的图案，供各位母亲参考。

三角形

猫　　　长方形　　　鸟

158

船　　　　　跑步的人　　　　鱼

桥　　　　　蜡烛　　　　　鳄鱼

房子　　　　骑马的人　　　行走的人

※塑料板可双面使用。

159

TITLE：［決定版　天才脳を伸ばす２歳教育］
BY：[久保田　競]
Copyright © Kisou Kubota 2010
Original Japanese language edition published by Daiwa Shobo Co.,Ltd.
All rights reserved. No part of this book may be reproduced in any form without the written permission of the publisher.
Chinese translation rights arranged with Daiwa Shobo Co.,Ltd.
Tokyo through Nippon Shuppan Hanbai Inc.

©2013，简体中文版权归辽宁科学技术出版社所有。
　本书由日本大和书房授权辽宁科学技术出版社在中国范围独家出版简体中文版本。著作权合同登记号：06-2011第317号。

图书在版编目（CIP）数据

　打造天才大脑的2岁教育/（日）久保田竞著；杜菲译.—沈阳：辽宁科学技术出版社，2013.7
　ISBN 978-7-5381-7970-5

Ⅰ.打…　Ⅱ.①久…②杜…　Ⅲ.①婴幼儿—智力开发　Ⅳ.①G610
中国版本图书馆CIP数据核字（2013）第059140号

策划制作： 北京书锦缘咨询有限公司(www.booklink.com.cn)
总 策 划： 陈 庆
策 　 划： 邵嘉瑜
装帧设计： 季传亮

出版发行：辽宁科学技术出版社
　　　　　（地址：沈阳市和平区十一纬路29号　邮编：110003）
印 刷 者：北京瑞禾彩色印刷有限公司
经 销 者：各地新华书店
幅面尺寸：148mm×210mm
印　　张：5
插　　页：2
字　　数：120千字
出版时间：2013年7月第1版
印刷时间：2013年7月第1次印刷
责任编辑：卢山秀　谨 严
责任校对：合 力

书　　号：ISBN 978-7-5381-7970-5
定　　价：26.00元

联系电话：024-23284376
邮购热线：024-23284502
E-mail：lnkjc@126.com
http://www.lnkj.com.cn
本书网址：www.lnkj.cn/uri.sh/7970

请沿虚线剪下。

0

1

2

3

4

5

6

7

8

9